KB214156

퀘이커 지혜의 책

퀘이커 지혜의 책

A Quaker Book of Wisdom

로버트 L. 스미스 지음
박기환 옮김

사월의책

퀘이커 지혜의 책

1판 1쇄 발행 2021년 5월 1일

지은이 로버트 L. 스미스
옮긴이 박기환
펴낸이 안희곤
펴낸곳 사월의책

편집 박동수
디자인 김현진

등록번호 2009년 8월 20일 제2012-000118호
주소 경기도 고양시 일산서구 중앙로 1388 동관 B113호
전화 031)912-9491 | **팩스** 031)913-9491
이메일 aprilbooks@aprilbooks.net
홈페이지 www.aprilbooks.net
블로그 blog.naver.com/aprilbooks

ISBN 978-89-97186-98-3 03230

* 책값은 뒤표지에 있습니다.

차례

추천사

로버트 L. 스미스의 『퀘이커 지혜의 책』에 대한 추천을 부탁받고, 처음부터 끝까지 책을 찬찬히 읽어보았다. 퀘이커에 대한 상식적인 이해는 갖고 있었지만, 퀘이커교도가 자신의 직접적인 경험을 바탕으로 쓴 글은 이 책이 처음이다. 신학자로서 주로 학문적인 연구서들을 읽어왔던 나에게, 이 책은 오랜만에 가슴을 촉촉하게 적셔준 감명 깊은 책이었다.

퀘이커는 1600년대 중반 영국의 조지 폭스가 창설한 개신교의 한 교파이다. 원래는 '친우들'Friends이라 부르던 모임이었는데, 이들의 종교 체험을 비웃는 사람들에 의해 '퀘이커'Quaker, 몸을 떠는 사람라는 별명이 붙었다. 퀘이커들은 동시대 영국 성공회에 대한 불신 속에서 기독교의 새로운 길을 걸어간 사람들이다. 초기에는 영국 북서부를 중심으로 일어났으나, 성공회를 국교로 채택한 정부로부터 박해를 받고 많은 이들이 미국으로 도피한다. 1681년 윌리엄 펜이 영국 찰스 2세로부터 현재의 펜실베이니아 땅을 불하받아 퀘이커의 터전으로 삼으면서 퀘이커는 미국을 중심으로 성장하였고, 이로부터 전 세계로 퍼져나갔다.

퀘이커교도의 수는 지금도 전 세계에 30만 명이 채 안 된다고 한다. 개신교 교파 중에서도 아주 작은 규모에 속한다. 그러나 퀘이커가 사회에 미친 영향은 대단히 크다. 영국의 조지 폭스, 미국의 존 울먼John Woolman, 한국의 함석헌이 그러하다. 그 가운데서도 1947년 영국 퀘이커봉사협회와 미국 퀘이커 봉사위원회가 종교단체 최초로 노벨평화상을 수상한 것은 그 대표적 사례라고 할 수 있다.

퀘이커는 개신교에 속하기는 하지만 없는 것이 많다. 우선 십자가가 달린 교회가 없다. 주로 가정에서 모인다. 그리고 예배라고 할 만한 내용도 없다. 설교도, 찬송도, 기도도, 십일조도, 성례전도 없다. 성경공부도 교회학교도 없다. 교리도 성직자도 선교사도 없으며, 그에 따라 선교나 전도도 없다. 개신교라고 하기에는 개신교적인 것이 너무 없다.

그렇다면 퀘이커에는 무엇이 있는 것일까? 딱 두 가지만 언급하자면, '침묵과 삶'이 있을 뿐이다. 저자가 머리말 제목으로 "당신의 삶으로 말하라"를 택한 것은 바로 이 때문일 것이다. 개신교는 말의 종교인데, 퀘이커는 침묵하라고 한다. 개신교는 믿음을 말하는데, 퀘이커는 삶을 강조한다. 퀘이커가 다른 개신교 교파들과 차별화되는 지점이 바로 여기이다.

침묵은 사람의 소리를 멈추고, 하나님의 소리를 듣는 과정이다. 사람의 소리는 하나님의 소리를 듣지 못하게 하는 방해물이 될 수 있다. 가장 경계해야 할 것은 사람의 소리에 권위를 실어 하나님의 소리라고 주장하는 경우이다. 사람의 소리를 멈추어야 하는 이유는 하나님의 소리를 듣기 위해서다. 사람이 침묵하지 않는 한, 하나님의 소리는 들리지 않을 수 있다.

사람의 소리 중에서도 가장 먼저 멈추어야 할 것은 나의 소리이다. 나의 침묵은 하나님의 소리를 듣는 첫 번째 관문이다. 그러나 퀘이커의 침묵은 여기서 멈추지 않는다. 나의 밖에서 들려오는 소리도 멈추게 해야 한다. 그중에는 설교를 통해 들려오는 성직자의 소리도 하나님의 소리를 듣지 못하게 방해할 수 있다. 예배 중의 찬송가나 기도 또한 방해의 요소가 될 수 있다. 사람의 소리가 완전히 멈춘 바로 그곳에서 하나님의 소리는 들리기 시작한다. 물론 그것은 녹음 가능한 육성이 아니다. 귀로 들을 수 있는 소리 또한 아니다. 하나님의 소리를 식별할 객관적 기준도 없다. 단지 사람 안에 누구나 가지고 있는 '내면의 빛'만이 하나님의 소리를 듣게 할 뿐이다. 내면의 빛은 하나님의 소리를 들을 수 있는 인간 능력의 상징적 표현이다.

사람의 말은 침묵 속에 들려온 하나님의 소리를 전달하는 수동적 도구일 뿐이다. 퀘이커가 말을 하는 경우는 바로 이때이다. 퀘이커는 모임 중에 대체로 침묵하지만, 하나님의 소리를 들은 경우 매우 조심스럽게 이 소리를 나눈다. 그러나 이 소리가 다른 사람이 들은 소리를 틀렸다고 말할 수 있는 근거가 되지는 않는다. 단지 내가 들은 하나님의 소리를 나눌 뿐이다.

퀘이커에게 침묵과 말은 또한 삶으로 나아가는 징검다리이다. 삶이란 침묵 속에서 들은 하나님의 소리를 따라 사는 것을 말하기 때문이다. 삶의 영역은 퀘이커의 모임 안에 국한되지 않는다. 오히려 인간 삶의 전 영역이 하나님의 소리를 따라 살아야 할 장소이다. 좁게는 개인적인 삶의 자리가, 넓게는 사회, 국가, 세계가 그 장소일 수 있다.

하지만 개인적인 것과 사회적인 것은 이분법적으로 나뉘지 않는다. 개인적인 삶이 침묵 속에서 하나님의 소리를 듣는 장소라면, 사회적인 삶은 행동 속에서 그 소리를 따라 사는 장소라 할 수 있다. 퀘이커들이 여성참정권, 노예제 폐지, 베트남전 반대, 양심적 병역 거부, 동성애자 환대 등에 적극 참여한 것은 하나님의 소리를 따라 살았던 대표적 일례들이다.

연세대학교 '기독교개론' 시간에 학부 1학년 학생들에게 한국 기독교의 가장 큰 문제가 무엇이냐고 물은 적이 있다. 크게 두 가지를 지적했다. 기독교 외의 다른 종교는 거짓 종교라는 '배타주의'가 그 하나이고, 예수는 믿되 예수처럼 살지는 않는 '삶의 결핍'이 다른 하나였다. 나는 이 둘 가운데 후자가 한국 기독교의 더 심각한 문제라고 생각한다.

내가 『퀘이커 지혜의 책』을 읽으면서 가장 가슴 깊이 다가온 것은 "당신의 삶으로 말하라"는 것이었다. 이 명제는, 예수는 믿되 예수처럼 살지 않는 한국 기독교를 치유하는 최고의 치유책이 될 수 있다고 생각했다. 믿음이 삶에 이르지 못하는 가장 큰 이유는 말로 믿기 때문이다. 그러나 퀘이커는 말한다. "당신의 삶으로 말하라."

이 책을 옮긴 번역자는 신학자가 아니다. 그런데 번역이 쉽고 잘 읽힌다. 번역 어투에 전혀 신경 쓰지 않고, 처음부터 끝까지 단숨에 읽을 수가 있었다. 왜 그럴까? 일단 영어가 완벽한 것 같다. 그러나 영어가 완벽하다고 반드시 좋은 번역이 나오는 것은 아니다. 우리말의 구사 능력이 그보다 더 중요하기 때문이다. 영어 실력과 우리말 실력이 결합되니 좋은 번역이 나올 수밖에 없다.

그런데 정말 좋은 번역은 여기에 한 가지가 더해져야 한다. 특히 이 책과 같이 개인의 경험에 기초한 글은 문장 속의 행간을 읽는 것이 매우 중요한데, 옮긴이는 그 행간을 잘 짚어서 자신이 저자인 양 쉽게 풀어낸다. 그 힘은 어디에서 오는 것일까? 그것은 책 내용에 대한 마음으로부터의 공감, 그리고 그 자신이 살아온 삶과의 마주침의 결과가 아닐까 싶다.

오늘날 한국 기독교인들은 말만 무성하고 삶이 없는 교회에 많이 식상해 있다. 수많은 비기독인들 또한 교회와 기독교인들이 보여주는 삶의 행태에 머리를 가로젓는다. 나는 이러한 기독교인들과 비기독인들에게 이 책을 꼭 읽어보기를 권한다. 이 책이야말로 종교와 함께, 그리고 종교와 무관한 영역에서까지 우리 시대에 참사람답게 사는 길, 그리고 보다 나은 참세상이 어떤 것인지를 보여주고 있기 때문이다.

한인철 (연세대학교 명예교수, 전 교목실장)

당신의 삶으로 말하라

LET YOUR LIFE SPEAK

내가 열세 살 때 외할아버지께서는 약 3백 년 전까지 거슬러 올라가는 미국 내 자신의 퀘이커 가족에 대해 글을 썼습니다. 할아버지는 그 글에 '스토크스 집안 조상들에 대한 이야기'라는 제목을 붙였고, 글머리에서 당신이 왜 이런 글을 쓰는지 설명했습니다. 즉 "세대가 지남에 따라 가족의 전통이라는 이름으로 전해지던 많은 것들이 없어지고 있기 때문에, 아직 기억 속에 있거나 새로 찾아낼 수 있는 것들을 좀 더 영구적인 형태로 모아서 내 후손들이 앞으로 유용하게 쓰면 좋을 것 같아서"라고 쓰셨습니다.

우리 외가 쪽에는 노벨상 수상자가 없습니다. 스토크스 집안은 대대로 의사들을 배출하기는 했어도 국무장관이나 장군, 문필가, 인기배우, 은행강도, 장거리 수영선수, 또는 정보 요원 같은 사람들은 없습니다. 신문 방송에서 관심을 가질 만한 사람은 하나도 없습니다. 미국 뉴저지 중부의 '무어스타운' Moorestown이라는 작은 마을에서 4대째 의사로 일하던 할아버지는 이런 사실을 글머리에 미리 밝혔습니다. "우리 조상의 명단에 역사적으로 중요한 사람이라고는 하나도 없다. 하지만 이 책은 활동적이고 의미 있는 삶을 살았으며, 또 그들이 가지고 있던 최고의 것들을 자신의 조국과 자신이 속한 곳에 바친 남자들과 여자들에 대한 기록이다"라고 말입니다.

이렇게 값지게 산 조상들의 삶들을 기록함으로써 스토크스 할아버지는 우리가 따라야 할 본보기를 알려주었고, 우리로 하여금 이 세상에서 각자의 몫을 다함으로써 다음 세대에 본보기가 될 수 있도록 자극을 주었습니다. 책을 통해 후손들이 존경할 만한 선조들을 기리고 그들을 닮아가도록 격려하면서, 퀘이커의 가장 중심이 되는 메시지이자 17세기 퀘이커를 창시한 조지 폭스*가 말한 "Let your life speak" 즉 "당신의 삶

---

* George Fox(1624~1691). 영국 국교회를 거부하고 '퀘이커'로 알려진 종교친우회 (The Religious Society of Friends)를 설립했다. 기독교 신앙에 대한 독특하고 타협하지 않는 접근법을 제안함으로써 종교 및 정치 당국에 반기를 들었다. 일부 국교도와 청교도들의 폄하에도 불구하고, 올리버 크롬웰과 신대륙 개척자이자 퀘이커 개종자인 윌리엄 펜 등에게서 큰 존경을 받았다.

으로 말하라"를 메아리처럼 들려주셨지요.

나는 할아버지가 말을 들려주고자 했던 직계 자손들 중 하나에 불과합니다. 할아버지와 할머니는 우리 어머니 외에 두 아들을 슬하에 두셨는데, 외삼촌들도 할아버지와 같이 의사가 되었고, 결혼을 했으며, 자식들을 두었습니다. 그리고 이들 외사촌들과 나의 두 누이와 나를 통해 이 명단은 열한 명의 증손자로까지 불어났지요. 하지만 나는 할아버지의 글을 마치 나에게만 특별히 써준 것처럼 여기며 읽었습니다. 할아버지의 글들은 나에게 많은 교훈을 주었고, 영감을 불어넣어 주었습니다. 나 자신이 할아버지가 된 지금, 외할아버지가 왜 그런 글을 쓰셨는지에 대해 더욱 깊이 깨닫곤 합니다. 나이가 들어가며 얻는 것 중 하나는 삶에 대해 알게 되는 것입니다. 소중한 자손들에게 우리가 가진 가장 소중한 것을 전수해주는 것보다 더 값진 것은 없습니다.

바로 이것이 이 작은 책이 의도하는 바입니다. 이 책의 한 장 한 장마다 나의 삶에 영향을 미친 퀘이커 사상과 그것의 구체적인 실천들을 담고 있습니다—퀘이커교도의 아들로서, 손자, 증손자, 형, 조카, 사촌, 삼촌, 그리고 아버지로서 얻게 된 생각과 느낌이 바로 그것입니다. 이 책을 쓰면서 나는 나 자신의 인생에서 많은 경험을 끌어냈을 뿐 아니라, 퀘이커로 살아오면서 내 삶에 영향을 끼친 여러 사람들, 특히 나의 현재 및 과거 가족들의 지혜와 그들의 내면적 인생 여정에서 큰 도움을 받았습니다. 이 책을 통해 나는 어떤 면에 있어서는 스토크스 할아버지의 메시지를 그의 후손들에게 계속해서 전하려 합니다. 하지만 또 다른 한편으로는, 할아버지의 후손들뿐 아니라 생각하고 느낄 줄 아는 모든 사람 사람마다 퀘이커의 지혜가 주는 지속적인 지혜의 자양분을 받아들일 마음속의 저장소가 있고, 따라서 그들에게도 이 책이 도움이 되리라 믿으며 이 글을 씁니다.

오늘날처럼 복잡하고, 물질주의가 팽배하고, 의롭지 못하고, 차별적인 사회에서, 박애주의에 터한 퀘이커의 메시지는 반드시 사람들에게 전해져야 한다고 나는 점점 더 확신합니다. 우리는 퀘이커교도들이 항상 언급해왔던 전쟁과 평화, 사회정의, 교육, 의료, 빈곤, 비즈니스 윤리, 공공을 위한 봉사, 자원 이용과 같은 문제들을 매일같이 접하고 있습니다. 그리고 이런 문제들은 점차 심화되고 있습니다.

영적인 측면에서 보자면, 메마른 현대의 생활환경은 우리들이 공통적으로 가지고 있는 인본주의에 별로 자양분이 되지 않습니다. 즉 현대의 생활환경은 선함, 용기, 상식, 되돌아봄, 경이, 인내, 이해 등 플라톤이 "선에 대한 불가사의한 선호"를 가졌다고 이야기한 바 있는 우리의 공통적 인간성을 전혀 살찌우지 못합니다. 오늘날 우리 사회는 누군가에 대해 그가 어떤 사람인지보다는 무엇을 가졌고 무엇을 입었는지를 기준으로 판단함으로써, 사람들 역시 부와 물질을 얻기 위한 경쟁에서 이기고 '성공'을 쟁취하는 데만 필사적인 노력을 기울이게 되었습니다. 이런 상황에서 어떻게 퀘이커들이 생각하는 단순함과 진리의 개념을 오늘의 사회에 적용할 수 있을까요? 어떻게 하면 우리 안에 있는 최고의 것을 드러내라는 권고를, 다가올 세대는 차치하고 뿌리를 잃은 현 세대의 마음에 전할 수 있을까요?

　유대교 원리에 기초한 인본주의적 시각을 보여주었던 미국 작가 솔 벨로Saul Bellow, 1915~2005는 노벨문학상 수락 연설에서 우리 모두가 품고 있는 욕구에 대해, 즉 진리, 자유, 지혜와 같이 오래도록 지속되어온 인간적 가치들에 대한 커다란 욕구에 대해 생생하게 설명한 바 있습니다. 이 책을 통해 나는 이러한 '오래도록 지속되어온 인간적 가치들'에 대하여 내 손자들과 또 다른 젊은이들에게 권면하고 싶습니다. 퀘이커교도건 아니건 할 것 없이 사람들은 예측불가능하고 실수가 허용되지 않는 환경에 직면해 있습니다. 되돌아보면 청소년기와 청년기에 내려야 했던 주요 결정들이 나중에 어떤 선택을 할 때 그것을 창의적으로 만들어줄 수 있는 엄청난 힘을 주기도 하고, 또 그 결정들 때문에 선택할 수 있는 기회가 파괴적으로 제한되기도 합니다.

나는 이 책에서 퀘이커의 지혜에 대해 마음껏 자랑하지 못하고 나름 중립적 입장을 취해야 하는 것이 썩 내키지 않습니다. 겸손함은 영혼의 단순함이며, 영혼의 단순함은 퀘이커 사상의 핵심입니다. 이것을 생각해보노라니, 나는 평생을 과묵하고 별말 없이 살았는데, 그런 태도가 나의 세 아이들에게는 별로 보탬이 되지 못했을 수 있다는 생각도 듭니다. 만일 세 아이들에게 유년 시절부터 어른이 되기까지의 기간에 좀 더 많은 조언을 해주었더라면, 아이들은 자신들이 물려받은 퀘이커 유산의 중요성에 대해 좀 더 많이 주위 사람들에게 이야기했을 것 같습니다. 늦게나마 써내려가는 이 책을 통해 내가 쓸모 있고 소중하다고 생각하는 퀘이커의 가치들을 내 아이들과 손자들이 잘 이해하게 되었으면 합니다.

나는 글머리에서부터 퀘이커 사상이란 우리의 내면적 경험과, 단순히 싱경을 읽는 데서가 아닌 삶을 살아가는 가운데서 얻은 행위와 감정의 습관에 기초한 실용적 믿음이라는 것을 밝혀두어야 할 것 같습니다. 우리 퀘이커교도들이 이야기하 듯이 "글자는 삶을 죽이고, 영혼은 삶을 줍니다." 우리가 책으 로부터 얼마만큼의 인생을 배울 수 있는지에 대한 퀘이커의 관심은 답이 없는 채로 남아있습니다. 하지만 우리가 아는 것 들 가운데 셀 수 없이 많은 부분이, 비록 젊은이들이 자주 부 정하긴 해도, 우리보다 먼저 살았던 이들의 삶에서 온 것입니 다. "우리 모두가 우리가 만들지 않은 불로 우리 몸을 덥히고, 우리가 파지 않은 우물물을 마신다"(신명 6:10~11)라고 이야기 한 구약 신명기의 저자들처럼, 스토크스 할아버지는 이러한 진리를 잘 이해하고 있었습니다.

내가 볼 때 단순함, 침묵 속의 성찰, 진리와 양심이라는 퀘 이커 가치들은 지금 오늘날에 와서는 그 어느 때보다 중요해 진 듯합니다. 오늘날 우리 중 많은 이가 냉소적이고, 쉽게 싫 증을 내며, 또한 고독을 두려워합니다. 우리는 광고주들이 던 져주는 물질주의적 메시지, 잠시도 쉬지 않고 떠들어대는 라 디오와 텔레비전의 토크쇼, 그리고 끊임없는 유행 음악과 정 치적 수사로 너무나 많은 자극을 받고 있습니다. 이것들은 퀘 이커 관점에서 단순한 삶이란 무엇이고 그것이 주는 가치는 무엇인가를 이해하기 어렵게 만드는 것들입니다. 퀘이커들에 게 있어서 단순함이란 시계 방향을 과거로 돌리거나 현대 과학의 이점 또는 현대 기술이 가져다준 편리함을 거부하는 것이 아닙니다. 개개인의 소유를 내던지고 빈곤한 삶을 사는 것도 아닙니다. 즐거움을 내던지는 것은 더더욱 아닙니다.

남녀간, 인종간의 동등함을 존중하고, 사회정의를 추구하며, 비폭력 또는 시민 불복종을 숭상하는 퀘이커의 인본주의적 교훈들은 지극히 현대적이며 오늘날의 사회에도 시의적절합니다. 그럼에도 불구하고 내가 이 책을 쓰려고 생각하기 전까지는 아무도 그러한 것들에 대해 글을 쓰지 않았다는 것을 알고 한편 놀랐습니다. 다른 한편으로는 17세기에 형성된 퀘이커의 사상들이 여러 측면에서 오늘날에도 의미가 있고, '당신의 삶으로 이야기하라'거나 '매일 매일을 이러한 믿음들에 따라 살라'는 퀘이커의 기본적 가르침들이 수백 년의 시간이 지났음에도 그 의미가 전혀 훼손되지 않은 데 대해 나는 더욱 놀랐습니다.

나는 글을 쓰기 시작하면서 퀘이커들이 3백 년이 넘는 세월 동안 말해왔던 것들을 새롭게 내 마음 속에서 들으려 노력했고, 또한 이러한 생각들에 대해 삶 속에서의 예들을 통해 목소리와 의미를 부여하려 했습니다. 나 스스로 바라기로는, 이 책에 담겨 있는 메시지들이 이사야 선지자가 표현한 대로 "메마른 곳에 흐르는 강물처럼, 광야의 거대한 바위 밑의 그늘처럼"

(이사 32:1, 41:18) 내 인생의 매 페이지에 영향을 주었듯이, 독자들에게도 그러하기를 바랍니다.

1

침묵

SILENCE

침묵.

심지어 이 단어를 말하는 것조차 그 의미를 훼손하는 것 같아 조심스럽습니다.

100퍼센트의 침묵 또는 고요란 없습니다. 우리가 말하기를 그치고 휴대전화와 텔레비전, 라디오와 컴퓨터를 꺼버린다 해도, 저 멀리 혹은 가까이에서 항상 작은 소리는 존재합니다. 냉장고가 윙윙거리는 소리, 비행기가 굉음을 내며 지나가는 소리, 트럭이 언덕을 올라가는 소리.

심지어 우리가 소음 가득한 도시의 일상을 벗어나 자연으로 도피한다 해도, 자연 또한 고요와는 전혀 거리가 멀다는 것을 알게 될 겁니다. 동틀 무렵의 너른 들판이나 해질 무렵의 연못처럼 불협화음이 많이 들려오는 곳도 없습니다. 진정 100퍼센트 침묵만이 있는 고요한 환경은 깊은 바다 속이나 우주에만 있을 겁니다. 하지만 둘 중 어느 곳도 인간이 살아가는 데는 적합하지 않습니다.

게다가 우리는 잘 때도 소리와 무의식 속의 번잡함에서 벗어날 수 없습니다. 어둠속에서 목소리가 들려옵니다. 때로는 무의식이 잠자는 동안에도 우리로 하여금 말하게 합니다. 마치 자연 속의 어떤 것이, 그리고 우리 본성 속의 어떤 것이, 침묵과 고요의 진공상태를 싫어해서 어떤 소리로든 채워 넣으려 하는 것 같습니다.

그렇다면 고대 이래로 왜 침묵이나 고요라는 개념이 '황금'이라는 가치에 견주어지는 것일까요? 왜 우리는 매번 그렇게 하지 못하면서 침묵과 고요를 칭송할까요? 그리고 집단적 침묵이라는 독특한 예배 형식을 통해 영적 삶의 자양분을 얻는 퀘이커들에게 침묵이 의미하는 바는 무엇일까요?

퀘이커들에게 있어 지혜는 침묵 속에서 시작됩니다. 퀘이커들은 우리의 목소리와 우리의 영혼을 침묵시킬 때에만 '움직이지 않는 듯 고요한 내 안의 작은 목소리'still small voice within를 들을 수 있다고 믿습니다. 그 목소리는 하느님*이 우리에게 말씀하는 소리이며, 우리 행위를 통해 남들에게 들려주는 소리이기도 합니다. 고요와 침묵 속에서 그 목소리를 들음으로써, 그리고 그 목소리의 인도를 받아 행동함으로써, 우리는 진정 우리의 삶으로 이야기할 수 있습니다.

퀘이커의 탄생

퀘이커교와 이 독특한 형태의 침묵 예배는 350년 전 조지 폭스라는 무식쟁이 영국 청년의 외로운 영적 순례에서부터 시작되었습니다. 조지 폭스는 1624년 영국 레스터셔 주의 '페니 드레이턴'이라는 작은 마을에서 직조공의 아들로 태어났습니다. 그의 아버지는 깊은 신앙적 자부심으로 '기독교 의인'이라 불리는 사람이었습니다.

어린 조지 폭스는 어딘가 이상한 점이 있어서 남들과 잘 어울리지 못하는 아이였던 것 같습니다. 어렸을 때부터 심한 영적 불안정 때문에 고통을 받았다고 합니다. 그가 열아홉이 되었을 때 교회 사람들에게 뭔가 영적인 도움을 청하려 했지만 교회 사람들의 천박함에 놀랐고, 이후 제화공의 조수로 일하

---

* 이 책에서 옮긴이는 원서의 'God'를 '하느님'으로 옮겼다. 퀘이커도 개신교의 한 교파이므로 한국 개신교 일반이 채택한 '하나님'으로 옮길 수 있으나, 퀘이커 사상이 교파를 넘어선 좀 더 보편적 관점에 서있다는 점에서 일반에게도 널리 쓰이는 '하느님'으로 옮겼다.

던 것을 그만두고 집을 떠나서 영적인 진로와 그 자신과 다른 사람들의 삶을 밝혀줄 수 있는 진리를 찾기 위해 시골을 떠돌았습니다.

17세기는 종교적 분파와 분열의 시대였습니다. 종교개혁 이후 이미 커져버린 기존의 신교에 불만을 가진 사람들이 더 의미 있는 영적 생활을 약속하는 듯 보이는 종교 분파들에 관심을 갖기 시작한 때였습니다. 이러한 새로운 기독교 분파들에는 재세례파Anabaptist, 구도파the Seekers, 求道派, 랜터파the Ranters, 초기감리교 분파로 '고함지르는 자'의 뜻, 수평파the Levellers, 水平派, 디거스the Diggers, 眞正水平派 같은 교파들이 있었습니다. 이들 모두는 그들 나름의 방식으로 사람들의 종교적인 생각들과 경제적, 영적 삶을 보다 조화롭게 엮어내고자 하였습니다. 이런 시대적 상황 속에 살던 폭스는 종교지도자들과 상담하면서 자신의 깊은 본심을 찾고 스스로 깨우침을 얻고자 하였습니다. 그리고 수년간의 방황과 전도, 그리고 종교적·사회적 개혁에 대한 급진적 생각들 때문에 투옥까지 당한 끝에 그의 기도는 응답을 받았습니다. 지금은 유명해진 그의 일기에 적은 것처럼 "내가 가졌던 종교지도자들과 사람들에 대한 모든 희망이 사라져버리고, 나를 도와줄 것들이 사라져버리고, 내가 무엇을 하겠다는 마음조차 먹을 수 없었을 때, 바로 그때 나는 한 목소리를 들었다."

그 목소리는 하느님이 고대의 예언자들에게 말씀하신 것과 똑같이 직접 조지 폭스에게 건넨 목소리였습니다. 조지 폭스가 신비한 경험을 통해 들은 하느님의 메시지는 모든 개인들은 성직자들의 중개 없이 하느님과 직접 대화할 수 있는 능력을 가졌다는 것입니다. 누구나 그렇게 할 수 있습니다. 조지 폭스는 하느님이 거룩한 내면의 목소리, 모두가 가진 내면적인 빛을 통해 우리들에게 나타나신다고 믿었습니다. 그리고 사람들이 침묵 속에 함께 모여 그들의 마음속에 있는 거룩한 목소리에 마음의 문을 연다면, 시편 46편에서 "멈추어라 그리고 내가 하느님인 것을 알라"고 하신 말씀처럼, 하느님이 계속해서 그 자신을 드러내신다고 믿었습니다.

조지 폭스가 설파한 "모든 사람들 속에 하느님의 성품이 있다"는 메시지는 인간 본성에 대한 대단히 낙관적인 견해입니다. 아담과 이브의 발자국을 따라 모든 사람이 죄와 유혹에 저항하지 못하고 이끌린다는 원죄에 대한 믿음은 당시 번창하던 개신교 믿음의 근본이었습니다. 기독교에 굳건히 터하고 있으면서도, 조지 폭스는 모든 사람 속에 있는 '성스러운 불꽃'divine spark이 사람들을 선으로, 다시 말해 자신들 속에 있는 최고의 것인 하느님께로 이끌어간다고 믿었습니다. 그러기에 사람들은 모두가 완벽해질 수 있는 가능성을 가지고 있다는 것이었지요.

조지 폭스가 가졌던 비전의 핵심은, 하느님께서 우리들 한 사람 한 사람의 영혼과 우리들 각자의 삶 속에서 개별적인 하느님의 모습 individual expression 을 찾아내신다는 것이었습니다. 그러하기에 우리 스스로의 내면적 목소리를 찾고 거기에 특별한 관심을 기울임으로써 '우리의 삶이 우리를 말하도록 하는' 것은 우리 개개인의 몫입니다. 지난 3백 년 간 퀘이커의 믿음, 퀘이커의 신앙, 퀘이커의 행동의 핵심은 조지 폭스의 깨달음 속에 메아리치고 있습니다. '모든 사람들 속에 하느님의 성품이 있다.' 우리가 영혼의 정적 stillness 을 지닌다면 하느님은 우리들에게 침묵을 깨고 말씀하실 것입니다.

조지 폭스는 그의 생애 동안 널리 여행을 다녔고, 영국과 유럽 대륙, 그리고 식민지 미국에서 증가일로에 있던 종교적 구도자들에게 그의 신앙을 전파하였습니다. 아이러니하게도 침묵의 예배를 주창하던 이 복음주의자는 아주 카리스마 있는 연설자이기도 해서 많은 사람들이 그를 추종했고, 추종하던 사람들 중 많은 이들이 다른 기독교 분파에서 개종하여 그를 따랐습니다. 17세기와 18세기에 창시된 많은 개신교 분파들은 결국 사멸했습니다. 어떤 것들은 아주 빨리 사라져 버렸고,

평등한 금욕적 공동체 생활을 추구한 셰이커교도the Shakers 같은 이들은 비교적 천천히 사라졌습니다. 하지만 퀘이커교는 번성했습니다. 조지 폭스의 추종자들은 스스로를 '빛의 자녀' '진리의 발행자publisher, 공표자' '진리의 친구들', 그리고 지금까지도 사용되는 이름인 '종교친우회'The Religious Society of Friends라고 불렀습니다. 그들은 서로서로를 친우라 부르는 한편 그들을 놀려대던 사람들이 붙인 '퀘이커'라는 이름도 받아들였습니다. 한 관리가 이 신실한 종교집단의 사람들이 하느님이 직접 그들에게 말씀하실 것을 몸을 떨며quaked 기다리는 것을 보고 놀리는 말로 '몸을 떨어대는 사람들'quakers이라는 별명을 붙였습니다.

미국으로 간 퀘이커교도들

내 생각에 열성적이었던 초기 퀘이커들은 사회적 권위를 가진 이들에게 목에 걸린 가시 같은 존재였을 겁니다. 그들은 선서를 하지 않았고, 군대에도 가지 않았으며, 제도권 교회를 위한 세금 납부도 거부했습니다. 그들은 요일과 매월의 이름도 이교도들이 붙인 것이라 하여 배척하였고, '일요일' 대신 '첫째 날', 마치March 대신 '셋째 달' 등으로 바꿔 불렀습니다.

그들은 높은 사람들에게 모자를 벗어 예의를 표하거나 목례하지 않았고 심지어 왕에게도 그렇게 하지 않았는데, 이는 모든 사람이 똑같은 가치를 갖는다는 믿음에서 비롯된 것입니다. 교회와 국가가 분리되지 않았던 시대에 퀘이커들은 양자 간의 관계를 인정하지 않았습니다. 당연히 그들은 '당신'you이라는 표현 대신 '너/그대'thee, thou라는 표현으로 그들의 평등주의를 대변했습니다. 17세기 어법에 따르면 대명사 'thou'는 말하는 사람보다 지위가 낮은 사람에게 쓴 반면, 'you'는 동등하거나 윗사람과의 대화에 썼습니다. 퀘이커교도들은 누구에게나 'thee' 'thou' 'thy' 'thine'과 같은 하대 표현을 씀으로써 이러한 언어 예절을 무시했습니다. 많은 사람들이 새로운 퀘이커 신앙에 감화되어 타 교회에 뛰어 들어가 예배를 드리고 있는 사람들에게 '뾰족탑 집'steeple house을 떠나 '살아있는 교회'로 오라고 강권하곤 했습니다.

퀘이커가 점점 자라나자 영국 내에서 박해가 늘어나기 시작했습니다. 조지 폭스는 여덟 차례 투옥되었고 또 무척이나 많이 폭행을 당했습니다. 감옥은 수백 명의 결의에 찬 폭스의 추종자들로 가득 찼습니다. 미국 땅에 온 나의 첫 선조인 '정착자'라는 별명의 토머스 스토크스 할아버지를 비롯한 많은 초기 영국 퀘이커들이 종교의 자유를 찾아 식민지 땅 아메리

카로 이주했습니다. 퀘이커교도들은 청교도들과 신앙과 관습을 서로 공유합니다. 이를테면 예배드릴 때가 아니면 모자를 벗지 않는다든지, 화려한 옷을 안 입는다든지, 술을 절제한다든지, 음악, 미술, 공연 같은 신실치 못한 것들을 배척한다든지 하는 것이 예가 되겠지요. 하지만 퀘이커들은 다수가 믿는 종교를 받아들이지 않는다는 이유로 신대륙에서도 영국에서와 마찬가지로 박해를 받았습니다. 청교도들은 박해를 피해 신대륙에 왔지만, 그럼에도 불구하고 신대륙에서는 다수가 되어 퀘이커들을 폭압했습니다. 많은 퀘이커들이 투옥되었고, 1659~1661년 사이에 보스턴에서는 여성 한 명을 포함한 네 명의 퀘이커교도가 교수형에 처해지기도 했습니다. 하지만 퀘이커들이 많이 살았던 뉴저지, 로드아일랜드, 노스캐롤라이나, 그리고 나중에 펜실베이니아(펜실베이니아 주는 1682년에 퀘이커 식민지로 창설된 바 있습니다)에서는 퀘이커가 영향력 있는 사회구성원으로 받아들여졌습니다.

가장 유명한 퀘이커교도인 윌리엄 펜William Penn, 1644~1718은 멋없는 종교집단인 퀘이커에 잘 안 어울릴 것 같아 보이는 사람이었습니다. 찰스 2세가 복위하는 데 공을 세운 해군제독의 아들인 펜은 우아하고 귀족적인 젊은이이자 최상류층에서 자란 매력적이면서도 지적인 사람이었습니다. 그는 옥스퍼드 대학에 진학하였으나 그가 특히 숭상했던 퀘이커를 비롯한 비국교도들을 동정했던 까닭에 학교에서 쫓겨났습니다. 윌리엄 펜은 퀘이커교도가 되었고, 이후 20년간 영국과 유럽 대륙에서 퀘이커주의에 대해 저술하고 전도하며 여러 차례 체포와 투옥을 당했습니다. 하지만 그의 개인적인 품위와 매력, 또한 그의 아버지가 가진 사회적인 지위 덕분에 궁정에서 영향력을 유지할 수 있었습니다. 그러던 가운데 윌리엄 펜은 영국 내의 종교적 자유에 절망한 나머지 찰스 2세에게 탄원하여 미국의 식민지 땅 하나를 불하받게 되었습니다. (왕이 윌리엄의 아버지인 펜 제독에게 갚아야 할 돈이 있었기에 땅을 불하하는 것은 왕의 입장에서도 쉽게 빚을 갚는 방법이었습니다.)

1681년에 뉴욕의 남쪽이자 뉴저지의 서쪽에 위치한 거대한 땅에 펜의 이름을 따서 '펜의 숲속 땅'이란 뜻의 '펜실베이니아'라는 이름을 붙인 사람은 영국의 찰스 2세 자신이었습니다. '형제애의 도시'라는 의미의 필라델피아를 수도로 한 새 식민지 펜실베이니아는 윌리엄 펜이 오랫동안 품어왔던 비전이 실현된 것이라 할 수 있었습니다. 펜은 새로운 식민지의 도덕적·영적 토대에 대해 감동적으로 말하고 기술하였습니다. 완전한 종교적 자유와 평등, 일반인들에 의한 행정부 및 의회의 구성, 배심원에 의한 재판, 너그러운 처벌 제도가 이 새로운 식민지의 밑받침이었습니다. 공공 행정에 퀘이커주의를 도입한 이른바 '거룩한 실험'Holy Experiment을 시작한 것이지요.

하지만 그것은 오래가지 못했습니다. 시간이 지남에 따라 점점 더 많은 비 퀘이커교도들이 펜실베이니아 서부의 미개척지로 몰려들면서 그곳에 살던 인디언들의 원한을 샀는데, 평화주의를 고수한 펜실베이니아 의회는 무력의 사용을 지지하지 않아 군대의 보호도 받지 못했고, 그에 따라 퀘이커교도들과 비 퀘이커교도들 사이에 알력이 커졌지요. 게다가 다른 여러 가지 현실상의 문제들로 사람들의 높은 이상을 지속하는 일이 어려워짐에 따라, 퀘이커 친우들은 마침내 펜실베이니아 주에 대한 지배력을 잃게 되었습니다. 결국 이 '거룩한 실험'을 통해 처음이자 마지막으로 입증된 것은 퀘이커가 공공의 삶에 공헌하는 것은 공공 행정을 통해서보다는, 보다 높은 퀘이커의 이상을 찾는 개인들이나 소집단을 통해서 가장 잘 이루어질 수 있다는 것이었습니다. 이후 퀘이커들은 그들의 영향력을 자신들의 특별한 리더십이 보다 자연스레 표현되는 긴밀한 종교적 공동체 또는 학교 공동체로 제한하였습니다.

퀘이커교가 식민지 땅 미국에 뿌리를 박고 번성할 수 있었던 이유는, 그 믿음이 모든 사람이 동등하게 창조되었다는 것을 선언하고, 무계급, 그리고 사람과 교회가 완전해질 가능성을 찬양하며, 어떤 것이든 자기가 원하는 것을 선택할 수 있는 예배의 자유를 주창하고 하느님과의 직접적인 일대일 관계를 인정하는 등 미국적인 것의 정수와 심오한 민주성이 이 긍정적 종교에 있었고 아직도 있기 때문이라고 나는 생각합니다.

19세기 퀘이커교 안의 분열로 인해 중서부와 서부의 많은 퀘이커 모임들Meetings이 교도들이 모두 모여서 드리던 '침묵예배'의 전통을 버리고, 다른 종파에서 행하는 것과 비슷한 스타일의 목사가 설교하는 예배 형식을 채택했습니다. 그들은 퀘이커 '교회'를 세웠고, 퀘이커 '목사'들을 훈련시켰으며, 성가대와 설교를 도입했습니다. 오늘날 이렇게 프로그램화된 모임들은 내가 평생 경험해 왔던 전통적인 퀘이커 모임보다도 그 숫자가 훨씬 많습니다.

전통적인 퀘이커 예배형식 — 사람들이 모여 침묵하는 가운데 드리는 예배 — 은 어떤 다른 종교에도 없으며 17세기 이래로 변화가 거의 없습니다. 다른 교파에서 종교 예식이라 부르는 것을 퀘이커교도들은 예배 모임Meeting for Worship이라 부릅니다. 전례liturgy도 없고, 성직자와 신도의 구별 없이 모든 예배 참여자가 동등함을 강조합니다. 하지만 나는 이런 퀘이커 모임이 침묵예배의 유일한 종교적 전통도 아니고, 조지 폭스가 침묵의 가치를 알아낸 첫 번째 영적 지도자도 아니라는 것을 분명히 말해두고 싶습니다. 오늘날 사람들이 '부처님'으로 부르는 고타마 싯다르타―진리를 위해 집을 떠난 또 한 명의 젊은이이기도 합니다―는 조지 폭스가 하느님으로부터 메시지를 받기 2천 년 전에 이미 침묵의 명상을 구도의 방법으로 발견하였습니다. 하지만 퀘이커교도들은 '함께 모여' 침묵할 때 얻어지는 영적 힘을 이해하는 아주 독특한 사람들입니다. 만일 모든 종류의 예배가 자신을 초월하고 자신 속의 신성神性을 찾으려 하는 것이라면, 퀘이커 모임은 침묵의 공유를 통해 우리 자신을 남들과 공유하고 하느님과 공유함으로써 집단적 깨달음에 이르려 하는 것이지요.

침묵에서 얻는 기쁨

퀘이커주의는 이데올로기가 아니라 경험에 터한 아주 실용적인 종교입니다. 퀘이커들은 침묵이 유용하다는 것을 잘 알기에, 그것에 대해 높은 가치를 매깁니다. 침묵을 연습하는 것―침묵은 연습을 필요로 합니다―은 우리에게 큰 도움이 됩니다. 왜냐하면 침묵은 우리의 영혼에 잠깐 쉴 틈을 줘서 우리의 삶을 풍부하게 하고 명확하게 정리해주기 때문입니다.

나는 어려서부터 퀘이커 미팅—세 살 때부터 매주 일요일 모임에 나갔습니다—에서 침묵의 가치를 배웠고 다른 어려운 삶의 기술도 쉽게 배웠습니다.

자라나면서 나는 침묵이 가져다주는 회복의 기능을 모임에서와 마찬가지로 집에서도 확인하였습니다. 예컨대 우리는 언제나 식전에 퀘이커로서의 감사를, 기도가 아니라 '말'하였습니다. 어린 막내여동생 낸시가 마룻바닥에서 노는 동안 다른 여동생 몰리와 나는 서로 시끄럽게 장난치곤 했지요. 어머니가 냄비와 주전자 따위를 부산스럽게 나르며 저녁식사를 준비하는 동안에요. 그러고는 어머니가 "자, 이제 우리가 받은 은혜를 이야기해보자"라고 말할 때까지 우리는 식탁에 앉아서 웃고 떠들었지요. "받은 은혜를 이야기해보자"라고 어머니가 말씀하시면, 우리는 목소리를 가다듬고 머리를 숙인 채 한 30초가량 완전한 침묵의 시간을 가졌습니다. 그 30초 동안 무슨 일이 일어났을까요? 다만 내가 이야기할 수 있는 것은 아주 특별한 고요함이 가족들에게 내려왔다는 것입니다. 이것이 바로 내가 기다려온 순간이었습니다. 매일 저녁 기쁘게 고대한 강렬한 재충전의 느낌을 주는 침묵의 순간… 그렇기에 식사 전에 잠시 동안 침묵의 시간을 갖지 않으면 내 작은 평화의 시간이 박탈되는 느낌까지 들곤 했습니다.

나의 어린 시절 기억의 백미는 할아버지와 거의 완벽한 침묵 속에서 체스를 같이 두었던 시간입니다. 할아버지는 내가 어렸을 때 체스 게임의 기본 원리를 가르쳐 주셨고, 나는 커가면서 할아버지와 체스 한두 판을 두기 위해 길 건너에 있는 외가에 가곤 했습니다.

할아버지 댁 거실에서의 그 고요한 시간 동안, 할아버지가 늘 내게 이기긴 했지만 나는 최선을 다해 말들을 옮기는 것을 배웠습니다. 때로 할아버지는 몇 수를 되짚어서 내가 생각할 만했던 행마를 보여주기도 했습니다. 돌이켜보면 나는 그때 체스 그 자체보다 더 큰 것들을 배웠다고 생각합니다. 할아버지는 내 마음속에 인생의 커다란 틀을 잡아주려 했고, 우리가 많은 방향으로 움직일 수 있다는 것을 가르쳐 주셨습니다. 우리가 마주앉아서 체스 판을 보며 말을 어떻게 움직일지 조용히 궁리할 때, 할아버지는 체스에서처럼 우리 인생에서도 어떤 것은 다른 것보다 좀 더 나은 선택이 될 수 있다는 것을 가르쳐주었고, 체스가 그렇듯이 다른 이들이 꾸며놓은 상황에 우리가 적절히 대응해야 한다는 것도 가르쳐주었습니다.

내 딸 수지는 메인 주에 가족휴가를 갔을 때 경험한 침묵의 기쁨을 아직도 이야기하곤 합니다. 아이들이 아직 어렸을 때 우리는 매년 8월이 되면 어느 조그만 호숫가의 작은 오두막을 빌렸습니다. 주위 1킬로미터 내에 이웃집은 하나도 없었고, 우리가 듣는 소음이라고는 바람소리, 물소리, 새소리, 그리고 우리들 자신의 목소리밖에 없었습니다. 아내와 나는 저녁이나 비 오는 날이면 작고 약간은 곰팡내 나는 거실에 앉아 몇 시간이고 책을 읽는 것을 좋아했습니다. 아이들도 그 시간을 좋아했습니다. 종종 아침과 오후 수영을 마치거나 오랫동안 걷기를 하고 나면, 우리 다섯은 먹을 것을 사러 마을에 있는 식료품점에 다녀온 후에 각자의 책을 들고 벽난로 근처에 둥글게 모여 앉곤 했습니다. 수지는 그 장면을 우리의 가족생활 중 가장 행복하고 가장 평안했던 기억으로 회고합니다. 그때 우리는 벽난로에서 들리는 탁탁 나무 타는 소리 외에는 아무것도 듣지 못했고, 그러는 가운데 서로에게서 자양분을 얻었고, 각자 가진 개인적 생각들로부터 풍부한 양식을 얻곤 했습니다.

침묵은 우리가 숨 쉬는 공기처럼 보편적입니다. 침묵은 우리 자신을 새롭게 가다듬고 새롭게 시작할 수 있게 하는, 혹은 잠깐 쉴 수 있게 하는, 항상 이용 가능한 커다란 연못과 같습니다. 침묵은 하느님이 우리 마음에 주시는 선물입니다. 그런데 우리는 현대 생활 속에서 이것을 잃어버린 듯하며 일부러 방기해버린 듯도 합니다. 우리 삶 속에는 더 많은 침묵이 필요합니다. 그리고 우리 가정에도 더 많은 정숙함이 필요합니다.

점점 복잡해지고 번잡해지는 세계에서 우리 자신을 침묵시킬 필요가 있습니다. 그리고 들을 필요가 있습니다.

침묵이 주는 선물을 감사히 즐기기 위해서 굳이 퀘이커교도가 되어야 할 필요는 없습니다. '침묵의 공유'라는 퀘이커 개념은 수다로 점철된 이 시대에 크게 인정받고 있습니다. 다른 종교적 배경을 가진 사람들도 가족 행사나 공적 행사에서 '묵상' 또는 '묵도'라는 이름으로 침묵의 시간을 자주 갖곤 합니다. 우리를 정화시키는 침묵으로부터 많은 것들이 시작된다는 것을 알기 때문입니다.

퀘이커교도들은 침묵을 접근하기 쉬운 보물로 여깁니다. 침묵의 이점에 대해서는 아무도 의심하지 않습니다. 침묵이 주는 부요함은 어느 시대 어느 곳의 어느 누구도 얻을 수 있습니다. 어떤 이에게는 침묵의 관조적 시간이 모든 외부의 소리와 생각들을 물줄기로 씻어 내리는 아침 샤워시간일 수 있습니다. 다른 이에게는 혼자 몰고 가는 차 속의 아침 출근시간일 수 있습니다. 여기서 중요한 것은 '움직이지 않는 듯 고요한 내 안의 작은 목소리'를 들을 수 있고 그 소리를 가까이할 수 있느냐 하는 것이지, 소음이 완벽하게 차단되었느냐 아니냐가 아닙니다.

이 목소리를 들을 수 있는 훈련된 능력이 침묵의 가장 영속적인 가치입니다. 침묵 속에서 우리는 우리 안의 내적 신성을 발견할 수 있습니다. 이 내적 신성은 보편적으로 실재하지만 우리 한 사람 한 사람에게 각기 독특한 목소리로 말씀하십니다. 우리가 각자의 침묵 안에서 우리 개인의 '움직이지 않는 듯 고요한 작은 목소리'를 찾을 수 있다면, 우리는 우리 삶 속의 가장 큰 동지를 발견한 것입니다. 우리가 열린 마음으로 목소리를 듣는다면, 그 목소리는 삶의 가장 힘들고 어렵고 중요한 갈림길에서 우리를 인도할 것입니다. 일터에서, 사랑의 문제에서, 옳고 그름을 구별하는 문제에서 말입니다.

우리는 단지 침묵으로부터 울려나오는 그 목소리를 신뢰하기만 하면 됩니다.

2
예 배

WORSHIP

퀘이커주의는 일련의 부정적인 것들a cascade of negatives 로 설명되는 유일한 신앙체계입니다. 퀘이커교에는 신학이 없고, 뚜렷한 교리도 없으며, 성경 이외의 신성한 경전도 없고, 글로 쓰인 신조도 없습니다. 전통적인 퀘이커 예배는 목사나 사제 또는 다른 지도자들을 세우지 않습니다. 전례와 의식도 없습니다. 퀘이커 모임이나 가정에는 십자가도 다른 종교적 상징물도 없습니다.

퀘이커교도들은 원죄라는 것을 받아들이지 않습니다. 또 사람을 벌주고 상주고 하는 그러한 개인적인 하느님을 믿지 않습니다. 친우들Friends, 퀘이커교도들은 세례를 받지도 않습니다. 그들의 결혼예식은 예배 모임에서 간단히 신랑과 신부가 서로 마주보고 목례하는 것으로 끝납니다. 퀘이커 역시 기독교적 뿌리를 가지고 있고 많은 퀘이커들이 복음서의 가르침에 꾸준히 관심을 기울임에도 불구하고, 예수 그리스도의 십자가 위 수난과 퀘이커교도들이 말하는 '내면의 빛'the light within의 관계는 항상 흐릿한 채로 남아있습니다. 영원한 저주의 불구덩이는 잊어버리십시오. 구원? 마찬가지로 잊어버리십시오. 천당, 지옥, 연옥도 잊어버리세요. 당신 안의 진리와, 예배 모임 중에 떠오르는 진리를 찾으십시오. 단순함, 사랑, 그리고 봉사의 삶을 사십시오. 말이 아닌 당신의 삶 자체로 이야기하십시오. 그리고 당신의 아이들이 당신을 본보기로 삼아 모든 것을 배운다는 것을 확신하십시오.

침묵으로 공유하는 진리

'모임'Meeting이라는 말은 퀘이커교도들이 예배 장소를 말할 때와 예배 그 자체를 말할 때 사용합니다. 모임이 시작되면 예배에 참여하는 사람들이 조용히 모임 장소나 지정된 방 또는 그밖에 다른 정해진 장소에 모입니다. 모임은 어디에서고 열릴 수 있습니다. 사람들은 나무로 된 길쭉한 의자의 자기 자리에서 침묵하며 눈은 보통 아래를 내려다보거나 집중하기 위해 꼭 감습니다. '친우들'은 개인들 각자가 내면의 빛을 강하게 발함으로써 하느님과 연결된다고 믿기 때문에, 침묵 속에서 예배를 드리면서 하느님께서 직접 그들에게 말씀하시기를 기다립니다. 그러다가는 그 말씀하시는 것을 말로 옮기기도 하는데, 말씀이 들려오면 각 개인은 자리에서 일어나 그들 마음속에 들어온 메시지를 크게 이야기합니다. 한 사람의 메시지가 다른 사람에게도 일어나게끔 감동을 줄 수도 있습니다. 한동안의 침묵이 지난 후 또 다른 사람…. 하지만 미팅 내내 침묵으로만 일관하는 경우도 없지 않습니다.

한 시간쯤 지난 후 미팅의 상석에 앉아있는 사람이 그 옆에 앉아있는 사람과 악수를 합니다. 그때 모든 참석자들이 쓰고 있던 모자를 벗고 근처에 있는 사람의 손을 꼭 쥡니다. 그렇게 예배 모임은 끝이 납니다. 이렇듯 조용히 가슴으로부터 손으로 주안점을 옮기는 것은, 모임이 끝나면서 자신의 내면적 성찰을 외부 세계와 연결된 상태로 바꾸기 위해서입니다. 가슴과 손은 믿음과 노동이라는 분리될 수 없는 두 가지의 상징으로, 진리를 찾기 위해 내면에 도달코자 하는 '신비주의'의 측면과 다른 사람들에게 미치고자 하는 '행동주의'라는 퀘이커주의의 양 측면을 대변합니다.

모임이 끝나면, 아무도 이야기하지 않았던 모임의 시간까지 포함하여 한 시간 여에 이르는 관조적 침묵 contemplative silence 속에서 사람들은 뭔가 중심을 잡고, 정화되며, 새로워진 느낌을 갖게 됩니다. 다른 교회에 나가는 사람들은 퀘이커교도들이 침묵 모임을 가진 후에 영적으로 고무되는 느낌을 갖는 것을 잘 이해하지 못합니다. 그들은 보통 교회에서 목사님의 열의에 찬 설교를 듣고 찬송가를 부르면서 영적으로 고무되는 느낌을 받기 때문입니다.

　나는 나이가 들면서 다른 교회들에 대해서도 잘 알게 되었습니다. 퀘이커교도가 아닌 내 학교친구들은 교회나 유대교회당에 나가 크게 읽는 기도문을 듣고, 거기에 화답하고, 즐겁게 노래하며, 각각의 종교지도자들로부터 설교 또는 강론을 들으며 영감을 얻더군요. 그들이 예배드리는 곳은 십자가와 갖가지 조각상이 걸려 있고 스테인드글라스에는 성서의 이야기가 묘사되어 있는 등 아름답게 장식되어 있었습니다. 친구들을 따라 다른 교회의 예배 의식에 참석할 때마다 봐야 할 것들도 많고 들어야 할 것들도 많아서 가끔은 거기에 매혹되기도 하고 영감을 받았습니다. 그러나 종교적 견지에서 볼 때 그곳들은 다른 나라 같았습니다.

　퀘이커 '모임'을 가장 기본적인 의미로 설명하면, 집단으로 진리를 찾는 것이라 할 수 있습니다. 퀘이커들은 진리에 이르는 길이 점차 드러나는 것을 '지속적인 계시'continuing revelation라 부르는데, 이 과정은 퀘이커 모임과 또 퀘이커 삶의 모든 측면에 반영되어 있습니다. 퀘이커 모임의 전제는 어떤 사람도 혼자서는 진리의 전체를 볼 수 없다는 것입니다. 집단으로 진리를 찾는 것은 한 개인이 진리를 찾는 것보다 더 포괄적이고 총체적이며 더 적합하기 때문입니다. 모임에서 공유하는 침묵은 진리의 지속적인 계시를 잘 받아들일 수 있게 합니다.

모임에서 자기에게 떠오른 메시지를 전달하기 위해 자리에서 일어난 사람들은 어떤 주제로든 이야기를 시작할 수 있습니다. 그러나 그들은 보통 자신의 중심에 있는, 그리고 다른 사람들의 중심에 가까운 영적인 이야기로 끝맺음합니다. 모든 사람들이 알아들을 수 있는 단순한 이야기에 담긴 메시지가 미사여구로 가득 찬 이야기보다 더 값지게 받아들여지곤 하죠. 최근에 참석한 한 모임에서 나는 어떤 남자분이 한 10분가량의 침묵 시간이 지난 후 천천히 자리에서 일어나는 것을 볼 수 있었습니다. 그는 일터에서 있었던 어려운 상황을 이야기했는데, 얘기인즉 자신이 누군가를 도우려고 이런저런 행동을 했지만 남들로부터 오해를 받고, 또 일은 일대로 엉망이 되었다는 내용이었습니다. 그는 이 일이 자신을 한주 내내 괴롭혔다고 하더군요. 하지만 돌이켜 보니 이런 일들이 우리들 대다수에게 늘 일어나는 일임을 깨달을 수 있었다고 했습니다. 그리고 그는 이렇게 덧붙였습니다. "우리는 우리가 받은 모든 '빛'을 사용하더라도 원하는 만큼 선을 행하지 못합니다. 우리가 종종 빠지곤 하는 어둠이 우리로 하여금 끊임없이 빛을, 빛으로 되돌아가는 길을 찾도록 일깨워줍니다." 그는 '구하라, 그러면 찾을 것이다'라는 성서의 간단한 가르침을 이야기하며 말을 마쳤습니다. 그날 아침에 일어나 이야기한 사람으로는 그가 유일했지요.

물론 모임 동안 참석자의 머릿속에 떠오르는 모든 이야기가 거기 모인 사람들의 집단적인 진리 추구에 기여하는 것은 아닙니다. 모임에 빠지지 않고 참석하는 사람들은, 너무 개인적이어서 부적절하게 느껴지는 이야기가 공유되거나 누군가 긴 장광설을 늘어놓는 바람에 가만히 못 있고 몸을 비틀곤 하던 기억이 있을 겁니다. 존경받는 초기 퀘이커교도였던 아이작 페닝턴Isaac Pennington은 이미 17세기에, 모임에서 말로 설명하기에 적합한 생각과 "집에서 음식을 먹으며 나누어야 할 생각"을 구분해야 할 필요성이 있음을 엄밀하게 논한 적이 있습니다. 이러한 구분을 하지 못하는 사람들을 다루는 방법도 있습니다. 모임에 참석한 원로 한 사람이 "친우여, 그대 이야기의 결론을 맺으시오"라고 권유하는 것이지요. 아주 심한 경우에는 사람들이 침묵으로 비난하며 자리를 떠나기도 합니다.

예배 모임은 퀘이커교도들로 하여금 반짝이는 영감을 얻고, 그것을 공유하며, 침묵 가운데 마음속 깊은 곳에서 나오는 하느님의 목소리가 그들을 통해 이야기하게 하는 마당을 제공합니다. 나는 내 보잘것없는 내면의 불빛에서 나온 지혜가 내가 어렸을 때부터 계속해서 이어져온 일련의 모임들로부터 솟아나온 것임을 압니다.

옛날 옛적 퀘이커 모임에서는

내가 처음 예배드리던 무어스타운의 '퀘이커 미팅하우스'는 가구라고는 장식 없는 긴 나무의자만 있던 단순하고 소박한 건물이었습니다. 다른 퀘이커 모임의 집들과 마찬가지로 뾰족지붕도, 특별한 꾸밈도 없었습니다. 이 모임 장소나 내가 1920년대 중반 태어난 작은 마을공동체는 오랫동안 특별한 변화가 없어서, 내 조상들이 지금 다시 나타난다 해도 금방 찾을 수 있을 겁니다. 17세기에 스토크스 일가는 조지 폭스가 영국에서 활발히 영적인 세력을 늘려갈 때 개종을 했고, 박해를 피해 대서양을 건넜으며, 1677년 뉴저지 벌링턴 근처의 랜코커스 크리크Rancocas Creek라는 곳에 도착했습니다. 그리고 250

년이 지난 후에 그곳에서 약 20킬로미터 떨어진 인구 5천 명의 작은 마을인 무어스타운에서 제가 태어났습니다. 무어스타운은 마을이 만들어질 때부터 퀘이커 마을이었지요. 내 친가 쪽 조상들도 거의 같은 시기에 벌링턴 근처에 이주했고, 우리 친척들은 서로 지근거리에서 왕래하며 살았습니다. 그리고 거의 모든 사람들이 첫째 날 모임(일요일 모임)과 다섯째 날 모임(목요일 모임)에 참석하고는 했습니다.

첫째 날 또는 일요일의 모임은 무어스타운 생활의 주춧돌이었습니다. 시골마을의 의사로 마을의 모든 사람들을 치료하고 거의 절반 가까운 사람들의 출산을 받아낸 스토크스 할아버지가 미팅의 상석에 앉았습니다. 약 한 시간 후, 할아버지는 옆의 분에게 악수를 청하면서 미팅을 끝내셨지요. 아주 어렸던 나는 늘 부모님 사이에 앉곤 했는데, 부모님은 나와 여동생이 긴 침묵의 시간 동안 서로 장난치지 못하도록 서로 떼어 놓으려 애쓰곤 했습니다. 우리 가족은 주로 뒤쪽에 앉았는데, 이는 필요할 때 빨리 우리들을 데리고 밖으로 나오기 위한 방편이었습니다. 어린 나는 미팅 동안에는 볼 것이 하나도 없고, 어떤 일도 일어나지 않는다는 것을 절실히 알게 되었습니다. 하지만 실제로는 영적인 '포트럭 파티'가 벌어지고 있는 중임을 나는 차차 알게 되었습니다. 침묵 속에서 진리의 목소리가 들릴 것이라는 믿음으로 각자가 뭔가 개인적이고, 소박하며, 성스러운 것을 가지고 한자리에 모이는 것이지요.

거의 매번 일요일마다 어떤 사건이 일어나 지금도 내 기억 속에 생생하게 남아있습니다. 깊은 침묵이 감도는 가운데 내가 좀이 쑤셔 거의 안절부절못할 지경이 되면 긴 나무벤치 하나가 삐걱거리기 시작했고, 이 삐걱거리는 소리가 마치 끝없이 이어질 것처럼 커다란 모임 장소를 가득 채웠습니다. 미소 띤 둥근 얼굴에 아주 특별하게 넉넉한 몸집을 가진 나의 외할머니가 무릎 꿇고 기도하기 위해 낡은 나무 벤치에서 일어났던 것입니다. 나무 벤치의 삐걱거리는 소리가 이리저리 떠도는 내 마음을 붙들어 맸습니다. 목소리는 약간 떨렸지만 할머니의 영적인 비전은 선명했으며 할머니 마음은 고양되었습니다. 할머니는 언제나 간결하게 "사랑하는 친구 여러분, 같이 기도합시다"라고 말했습니다. 그러고는 잠깐 숨을 돌리고 기도했습니다. "하늘의 아버지시여, 우리들의 손과 가슴이 당신에게 진실하고, 당신의 신령한 선함이 우리에게 이르도록 하소서. 당신의 이름으로 간구합니다. 아멘."

할머니께서 다 마치셨을 때, 모임 공간은 다시 한 번 할머니가 자신의 거구를 낡은 나무벤치 위에 좌정시키면서 내는 삐걱거리는 소리로 가득 찼습니다. 그리고는 모든 것이 다시 침묵에 빠졌습니다. (내가 어렸을 때는 기도하기 위해 무릎을 꿇는 것이 전통이었으나, 요즘은 물론 그렇게 하는 때도 있지만, 아마도 구식으로 여겨질 겁니다.)

우리 모임의 참석자들 가운데서 모임에서 종종 이야기하고, 또 이야기하는 솜씨로 나를 매혹시킨 또 다른 분들이 있습니다. '소박한 친우'a plain Friend라 불린 윌리엄 에번스 씨는 늘 단추를 볼까지 오도록 채우고 큰 모자를 쓰는 구닥다리 19세기 퀘이커 복장을 했습니다. 그분은 얼굴 혈색이 매우 붉었는데, 모임 중에 말을 하기 위해 일어날 때면 꼿꼿이 서서 몸을 약간 앞으로 향한 채 스스로 준비되었다고 느낄 때까지 모든 사람들을 조용히 1분이나 그 남짓 바라보았습니다. 그리고는 이야기를 듣는 사람들을 깊은 영적인 물을 헤치고 인도하듯이, 절제된 말로 간결하게 자신의 메시지를 전하곤 했습니다.

모임에서 자주 감동을 받고 일어나 이야기한 분으로는 무어스타운 프렌즈 스쿨의 교장으로 봉직한 윌리엄 오버먼 선생님도 있었습니다. '마스터 윌리엄'으로 불리던 교장선생님은 백발에 통통하신 분이었습니다. 그분이 말하려고 일어날 때면 앞에 놓인 손잡이를 의식적으로 꽉 움켜쥔 채 마치 먼동이 틀 때의 희미한 빛을 바라보는 것처럼 눈을 가늘게 뜨고 앞에 있는 퀘이커 교우들을 바라보았습니다. 그때가 바로 우리 아버지가 조심스레 목을 가다듬고 다리를 다시 바꿔 앉는 것을 목도하는 때입니다. 교장선생님은 마치 노랫소리처럼 감정을 실어 목소리를 올리고 내리고 하는 그런 옛날 퀘이커 스타일로 말했습니다. 말하는 리듬에 따라 그분의 몸은 계속적으로 움직였지요. 나와 여동생은 교장선생님이 앞에 놓인 손잡이를 잡고 노래하는 듯한 목소리에 맞춰 앞뒤로 몸을 흔들며 이야기하는 방식에 사로잡혔습니다. 교장선생님이 모임 참석자들에게 더 높은 수준의 삶과 사고에 이르도록 권면하는 극적인 순간이 되면, 아버지는 다리를 다시 반대로 바꿔 앉으셨고, 내 여동생은 축 처져 앉아있는 나를 바라보며 우스꽝스런 표정을 짓거나 어머니 다리 너머로 내 다리를 걷어차곤 했습니다.

　기억에 남는 또 다른 퀘이커들도 있었는데, 영국의 유명한 초콜릿 상표 '캐드버리'를 만들던 영국 퀘이커 가문 출신의 두 여성분도 예배 모임의 소중한 일원이었습니다. 2차 세계대전 이후 빈에서 미국 친우봉사위원회the American Friends Service Committees의 책임자로 일하던 한 분은 늘 뭔가 국제적이고 흥미로운 것들로 모임에 기여했습니다. 우리 어머니는 종종 그분이 '아름다운 영혼'을 가졌다고 말하곤 했죠.

우리는 모임에서 무엇을 구하는가

17세기 영국에서 시작된 전통적인 퀘이커 모임은 종교적인 무정부주의 실험으로 불렸는데, 왜냐하면 예배와 관련된 모든 권위를 교인들 모두가 나누어 가졌고, 또 누구나 동등하게 이야기할 수 있었기 때문입니다. 각각의 모임은 인간의 정신을 가지고 하는 내기와 같았습니다. 모임에 가져간 것보다 더 많은 것들, 즉 더한 깊이, 더 많은 통찰력, 더욱 참됨, 더 고양된 지식, 모두가 더 나아짐을 경험하고 돌아올 수 있었기 때문입니다. 한 개인의 '말로 하는 사역'vocal ministry은 자기 내면의 빛을 공유함으로써 다른 사람의 내면에 있는 빛에 다가가는 방법이라는 원래 뜻에 부합해야만 합니다. 그러나 항상 그렇지는 못합니다.

나는 이것을 알아야 했습니다. 내가 워싱턴 DC의 시드웰 프렌즈 스쿨Sidwell Friends School* 교장으로 일할 때, 나는 매주 열리는 예배를 위한 모임에 앞서 미리 거기서 무슨 이야기를 할까 생각하고는 했습니다. 어찌 보면 퀘이커답지 않은 방식이

---

* 토머스 W. 시드웰이 1883년 설립한 퀘이커 사립학교로 유치원에서 고등학교 과정까지 운영되고 있다. 저자가 교장(headmaster)으로 오래 봉직하였으며, 닉슨, 클린턴, 오바마 등 여러 대통령의 자녀들이 다닌 학교로도 유명하다.

었지요. 그러나 학교에서 열리는 모임은 매우 특별합니다. 일 주일에 한 번 선생님들과 학생들이 함께 앉아 침묵 속에서 스스로를 깊이 성찰하기를 바란다는 이야기를 할 수 있는 그런 기회이지요. 나는 학생들과 교사들에게 뭔가를 생각하게 해줄 만한 시의 한 구절이나 다른 글의 발췌문을 읽어주곤 했습니다. 무엇을 말할까 생각하면서 나는 컬럼비아 대학원 시절 내가 가장 좋아한 은사이자 퓰리처상 수상자이기도 한 문학평론가 마크 반 도렌 Mark Van Doren 교수의 처방을 떠올렸습니다. 반 도렌 교수는 말하기를, 중요한 건 어떤 것에 대해 무슨 생각을 하느냐가 아니라 "그것을 통해 생각할 수 있는 최상 또는 최고의 것이 무엇이냐"라고 했습니다. 우리가 우리의 내면을 들여다보면서 최상의 것으로 생각될 수 있는 것을 찾는 성찰이 우리로 하여금 모임에서, 또 가능하다면 일상생활에서 무엇인가를 말하도록 감동을 주는 것이라고 나는 믿습니다. 우리가 깊은 사색 속에서 혹은 침묵하는 가운데 마음속에 울려오는 소리를 들음으로써 발견하는 것을 나는 '진리'라 말하고 싶습니다.

각각의 모임은 모두 다릅니다. 어떤 미팅에서는 복음서 구절을 인용해 말하는 것이 일반적이고, 다른 미팅에서는 일상생활 속의 어떤 사건과 우리가 서로 공유하는 도덕적 혹은 사회적 관심사 사이의 관계로부터 메시지를 도출하기도 합니다. 선택의 옵션이 많은 도시 또는 도시 교외의 퀘이커들은 자기 취향에 맞는 곳들을 쇼핑하듯이 살펴본 후에 참석할 모임을 정합니다. 어떤 모임은 그들에게 좀 더 영적으로 보일 수 있고, 또 어떤 모임은 좀 더 행동지향적일 수 있습니다. 젊은 사람들이 많은지, 동성애자들을 특히 환영하는지, 그들의 사역이 지속적으로 의미를 갖도록 열심을 다하는 멤버들이 있는지, 혹은 이 모임은 참석자들이 시사 문제나 아침 신문에서 읽는 기사에 짜증이 난 나머지 영적 메시지보다는 정치적인 메시지들을 팡팡 터뜨리는 경향이 있는지 하는 것들을 따져 보기도 합니다.

그러나 이 모든 차이들에도 불구하고 예배 모임은 근본적으로 같습니다. 어떤 모임이든 모임의 근본은 하느님 말씀을 받아들이려는 개인들이 모여 그들 가운데 일어날 신령한 그 무언가가 타오르기를 기대하며 침묵 속에서 주의 깊게 기다리는 것입니다. 때로는 그 신령한 무엇인가가 말로 오기도 하고, 때로는 침묵 속에서 오기도 합니다. 우리가 그것을 어떻게 듣는지 알 때만 진리의 언어는 침묵 속에서 들립니다.

헤밍웨이는 『파리는 날마다 축제』에서 이렇게 쓴 바 있습니다. "당신에게 행운이 있어 젊은 시절을 프랑스 파리에서 살아보았다면, 어디에 살든 남은 일생 동안 파리의 기억은 당신과 함께할 것이다. 파리는 이동축제일이기 때문이다." 나는 퀘이커 모임에 대해서도 똑같이 생각합니다. 모임은 영혼에 있어서 '늘 움직이는 축제'입니다. 어디서 예배를 드리건, 누가 같이 참여하건, 진리는 오랜 친구처럼 항상 모임에서 우리를 기다리기 때문입니다.

3

진 리

TRUTH

만일 우리가 우리 내면의 불빛, 내면에서 나오는 진리의 목소리에 따라 인도받기를 원한다면, 어떻게 이 참된 내면의 소리를 자기 이익을 위한 목소리, 자만심의 목소리, 이기적 즐거움을 위한 목소리 같은 또 다른 내면의 소리들과 구분할까요? 만일 어떤 이가 자기 자신의 꿈을 성취하기 위해 배우자와 아이들을 팽개치고 자신의 길을 가려 하는 충동이 생긴다면, 과연 자신의 내면에서 나오는 진리의 목소리가 그렇게 하도록 요구하는 것일까요? 만일 어떤 이가 음식에, 술에, 그리고 도박에 탐닉하고, 눈뜬 시간 대부분과 가용할 수입을 그것들에 써버린다면, 과연 이것이 이 사람의 참된 본성이 그리하라고 이야기하는 것일까요?

내 생각에, 그것에 대한 답은 인간 본성을 바라보는 조지 폭스의 아주 낙관적인 관점에서 찾을 수 있습니다. 만일 모든 사람 안에 하느님의 속성이 있다면, 진리는 우리들 속에 있는 것 가운데 최상의 것에 해당할 겁니다. 진리는 자연적으로 선함을 향하고 하느님을 향하도록 이끄는 우리들의 한 부분이지요. 우리가 진리를 들으려 하면, 다시 말해서 우리 안에 있는 최고의 것을 경청하려고 하면, 그때부터 우리의 삶은 진리를 '말하기' 시작할 것입니다. 조지 폭스가 이야기했듯이 "진리는 내면으로부터 옵니다." 그것은 우리가 먹는 음식처럼 매일의 생활의 근간이 됩니다.

'진리'를 찾아내기

우리 일상 속에서 손쉽게 진실 또는 진리를 구분할 수 있게 해주는 것은 '상식'common sense입니다. 진리와 마찬가지로 보편적common 상식이라는 것도 쉽게 정의하기 어려울 수 있습니다. 하지만 우리는 무엇이 보편적인 상식인지를 즉시 알아차리곤 합니다. 우리가 그것을 '보편적'이라 부르는 것은 모든 사람들이 공유하기 때문입니다. 우리가 옳고 그름의 차이, 선과 악의 차이를 아는 것처럼, 우리는 각자 우리 스스로에 대한 진실과, 우리를 둘러싼 것들에 대한 진실 또는 진리를 이해하고 알 수 있는 능력을 부여받았습니다.

스스로를 '진리의 발행자'라고 일컬었던 17세기 퀘이커교도들은 듣고자 하는 이들에게 "진리는 길이요, 길은 진리이다"The truth is the way and the way is the truth*라고 선포했습니다. 이처럼 진리와 그것의 모든 측면에 초점을 맞추는 것이 퀘이커 예배 모임과 퀘이커교도의 삶에 중심으로 남아있습니다. 퀘이커교도들은 진리가 우리의 영혼을 회복시키고 우리의 행동에 힘을 더해준다고 믿습니다. 진리는 우리의 안내자이고, 우리를 자유롭게 해줍니다. 퀘이커교도들은 "진리가 너희를 자유케 하리라"라는 말로 진리에 대한 메시지를 훌륭하게 압축해서 이야기해주는 요한복음의 구절(8:32)을 종종 인용합니다.

진리가 우리를 자유롭게 하리라는 것은 매우 혁신적인 개념이긴 하지만 퀘이커교도들은 항상 그것을 현실로 받아들였습니다. 진리가 우리를 자유롭게 할 것입니다─무의미함으로부터의 자유, 사랑이 없는 것으로부터의 자유, 공허함이나 자기중심의 사고에서 오는 좌절로부터의 자유 말입니다.

진리 추구는 의미 있는 삶의 주축을 이룹니다. 하지만 이렇

---

* 옮긴이는 이 말을 풀어서 "진리는 응당 그렇게 해야 하는 것이고, 응당 그렇게 해야 하는 것이 진리다"로 이해한다.

게 진리를 찾는 일은 미리 이리저리 규정된 이데올로기를 굳건히 고수하며 사는 것처럼 단순한 것이 아닙니다. 모든 퀘이커 모임은 진리를 찾으려는 사람들이 참석합니다. '말로 하는 사역'은 침묵의 예배에 대칭을 이루며, 지속적으로 하느님의 뜻을 드러내는 한 방편에 불과할 뿐이라는 것이 퀘이커주의의 기본 관점입니다. 퀘이커들은 예배 모임이나 한 달에 한 번 모여 모임 장소를 수리하는 문제에서부터 국회의원에게 보내는 항의 서한의 초고를 작성하는 등의 여러 실질적인 일들을 논의하는 사무 모임business meeting, 재정 문제를 다루는 모임, 그리고 그밖에 우리 삶의 모든 일상적 활동 안에서 진리를 찾을 수 있고 새로운 통찰력을 얻을 수 있다고 생각합니다. 모임이란 서로 교감하는 과정인데, 여기에는 열린 마음, 근면함, 그리고 절제된 규약discipline이 똑같이 필요합니다. 진리를 찾는 것은 우리의 내면적 삶과 함께하는 평생의 약속인데, 여기에는 진리를 찾아 구하는 것, 진리를 깨닫는 것, 진리를 말하는 것, 그리고 진리대로 살아가는 것이 모두 포함됩니다. 이것을 다시 정리하자면, "입을 통해서가 아니라 당신의 삶으로 말하라"이지요.

진리는 개인의 것이 아니다

퀘이커교도들은 질문이라는 도구를 통하여 진리를 찾기도 합니다. "당신은 매일 매일의 삶에서 단순함과 정직함을 실천합니까?" 또는 "함께 예배드리는 공동체 안에서 사랑과 조화를 잘 나누고 있습니까?"와 같은 질문들은 양심에 작은 자극을 주며 집단으로서 혹은 개인으로서 자기 확인을 하게 만듭니다. 질문은 영혼의 안장 아래 있는 작은 돌기와 같습니다. 질문들이 시대에 따라 다르고 지역에 따라 다를지언정 이것들은 예배나 각 개별 퀘이커교도들이 그들의 종교적인 믿음에 따라 영적이면서 그 시대에 적절한 삶을 살도록 돕는 데에 한결같이 초점이 맞추어져 있습니다. 특정한 질문들은 퀘이커 커뮤니티 안에서 시차를 두고 다시 물을 수도 있으며 아주 상이한 반응들을 일으키기도 합니다.

'사무 모임'도 예배 모임과 동일한 정신 아래 진행됩니다. 실제로 이 모임들은 '사무에 집중한 예배'라고 보통 일컫습니다. 많은 사무 모임들이 "이 예배가 예배의 정신, 상호이해, 인내와 관용 속에서 열립니까?" "모임이 또한 행동으로 이야기할 뿐 아니라, 행동하지 않는 실패로도 모임의 가치를 이야기함을 알고 있습니까?"와 같은 질문들을 읽으면서 시작합니다.

질문을 읽은 후에는 보통 꽤 긴 침묵의 시간을 가집니다. 이후 담당자는 서류를 뒤적이며 모임의 일을 처리할 시간이 왔음을 알립니다. 퀘이커들은 사무 모임에 어떤 의견을 피력하러 온 것이 아니라 진실을 찾는 데 참여하기 위해 온 것입니다. 여기에 온 목표는 당면한 문제에 대해 서로 명확한 이해를 갖기 위해서입니다. 모든 사람들이 참여하는 토론 속에서 사람들 사이에 어떤 공감대가 형성되면 사안에 대한 결정과 후속 행동이 일어나고, 이때 모임의 주관자는 조심스럽게 모임이 당면 문제를 '명확히 했다'고 말합니다.

이와 같이 다수결 투표로 결정하지 않으면서 의사결정에 도달하는 과정은 일반적으로 느립니다. 그러나 퀘이커교도들은 어떤 집단이 나름대로의 문제에 대한 답을 찾는 과정에서 주의 깊게 남의 의견을 듣고 가슴에서 우러나오는 말을 서로 나누다 보면 '명확함'을 찾을 수 있다고 믿습니다. 이 모임을 왜 해야 하는가에 대한 답을 찾는 과정에서 모든 사람들이 결과를 공유합니다. 퀘이커들에게 있어 결정에 이르는 과정은 결정 자체만큼이나 중요합니다. 아주 민감한 주제들이 나올 때나 격렬한 불일치가 일어날 때 모임의 주관자는 참석자들에게 한동안 침묵의 시간을 갖도록 합니다. 침묵의 시간은 아주 길어질 수도 있는데, 이는 사람들에게 '성스러운 지침'divine guidance을 얻을 기회를 줍니다. 그리고 나서는 그 주제를 새로운 각도에서 보도록 해줍니다.

사무 모임에서 논의하는 많은 주제들이 모임 이름이 말하는 것처럼 무거운 것만은 아닙니다. 내가 참석한 미팅에서 간간히 제기되었던 한 질문을 예로 들자면, 과연 어린아이가 모임의 처음 15분에 참석하는 게 좋은지 마지막 15분에 참석하는 게 좋은지와 같은 것도 있었습니다. 퀘이커 종교교육위원회는 전자를 권고한 바 있습니다. 하지만 일련의 토론을 거친 끝에 과연 어떤 것이 어린아이와 모임에 도움이 되는지에 대해 공감대가 형성되지 않았다는 것이 명확해졌습니다. 그래서 이 주제는 다음 모임으로, 그 다음 모임으로, 공감대가 형성될 때까지 계속해서 논의될 것입니다.

예배 모임 또는 사무 모임에서 밟는 집단적인 진리 찾기의 과정은 개인의 독자적인 진리 찾기보다 더 낭만적으로 보일 수 있습니다. 그러나 개개인이 진리를 구하고 찾는 것과 한 집단이 진리를 구하고 찾는 것은 서로 동떨어진 것이 아닙니다. 진리를 찾는 일이 단지 모임에만 국한되지는 않기 때문입니다. 우리의 매일 매일이 진리의 길을 좇는 여정입니다. 우리는 우리가 어찌 살아야 할지 결정하느라고 삶의 과정에서 멈춰 서거나 도피할 수 없습니다. 우리가 해야 할 것은 우리가 찾는 내면의 빛이 우리를 인도하여 길을 보여주는 데 따라 앞으로 나아가는 것입니다.

진리는 실용적인 것

"진리가 길이고 길이 진리"라면 누군가가 세상에서 '길'을 찾는 열쇠는 아주 단순하게도 진실을 말하는 데 있다고 퀘이커교도들은 믿습니다. 하지만 우리는 우리가 귀 기울여 들어야 할 사람들이 진리나 진실을 말하지 않는 듯 보이는 사회에서 살고 있습니다. 우리는 정치인, 사업가들, 언론, 광고주와 같은 사람들의 이야기를 불신합니다. 일반에게 공개되는 모든 이야기들은 듣기 좋은 수사와 주의주장으로 가득 차 있습니다. 사실과 진실이 그저 부수적이거나 우연적인 것에 불과한 듯 보이기까지 합니다.

이런 냉소주의적인 분위기 속에서 우리는 어떻게 하면 현대 사회의 복잡성에도 불구하고 우리 자신에게 진실해야 한다는 퀘이커의 메시지를 받아들일 수 있을까요? 진실하지 않은 것으로 의심되는 정보에 대해 우리는 어떻게 대처해야 할까요? 어떻게 우리 자녀들에게 진실함의 중요성과 함께 거짓 주장과 정보를 무작정 받아들이지 않도록 가르쳐야 할까요?

질문은 다음과 같이 던질 수 있습니다. 진리/진실을 이야기하는 것의 가치는 무엇이며, 왜 우리는 애써 그것을 우리 아이들에게 가르쳐야 합니까? 결국 진리/진실을 말하라는 것은 이제는 너무 오래되어 진기해진 시대착오적인 사람들의 얘기 아닐까요? 아니오, 전혀 그렇지 않습니다. 퀘이커교도들은 아주 실질적인 사람들입니다. 그래서 그들이 진실을 말하라고 할 때는 심오한 실용적 함의를 지닌 하나의 개념으로서 그것을 언급하는 것입니다. 진실을 말한다는 것은 침묵 속에서 진실을 발견하는 것과 '당신 삶으로 말하라'는 것 사이에 가교를 놓는 일이기도 합니다. 진실을 말하려면 당신은 먼저 당신 자신에게 그리고 당신 내면에 있는 최고의 그 무엇에게 참되어야 할 것입니다. 따라서 진실을 말한다는 것은 거짓 없이 진솔하게 당신 삶으로 말하게 되는 첫 번째 단계이기도 합니다.

진리 혹은 진실을 말한다는 것은 퀘이커 믿음에서 매우 핵심적이기에 퀘이커교도들은 선서를 하지 않습니다. 퀘이커교도들은 언제나 진실을 말하도록 가르침을 받아왔고, 또 주위 사람들도 퀘이커교도들에 대해 진실만을 말할 거라고 기대하기에, 일상에서의 진실과 법정에서의 진실이라는 두 개의 기준이 있다는 생각을 거부합니다. 퀘이커교도들이 어떤 식으로든 진실을 감추기를 극히 꺼리는 것과 관련해서는 수많은 에피소드가 있습니다. 그중 하나는 길을 가다가 들판에서 털 깎은 양을 본 농부의 이야기입니다. 사람들이 그에게 양의 털이 깎여 있더냐고 묻자 그는 "예, 녀석의 털이 (반대편은 모르겠고요) 길 쪽으로는 깎였더라고요"라고 대답했답니다. 더 의미심장한 경우로는 '언더그라운드 레일로드'*를 만드는 데 참여한 퀘이커교도에 관한 이야기가 있습니다. 달아난 노예들이 그의 소유지 안에 숨어 있느냐는 질문을 받자 이 퀘이커교도는 "여기에 노예들은 없소"라고 대답함으로써 거짓말을 하지 않을 수 있었습니다. 어떠한 인간도 남의 노예일 수 없다는 것이 그의 믿음이었기 때문입니다. 다른 퀘이커교도들은 칠흑 같은 어둠이 내린 후에야 도망 노예들에게 음식과 돈을 건네곤 했습니다. 그렇게 함으로써 달아난 '검둥이들'을 본 적이 있느냐는 질문을 받았을 때 진실하게 부인할 수 있었습니다.

나에게는 사촌이 하나 있는데 그는 주위 사람들이 남의 이야기에 맞장구치면서 일상적으로 하는 말로 "그거 재미있는데!"라고 하면 "그거 재미 하나도 없어"라고 정직하게 말함으로써 퀘이커교도의 정직성을 실천하기도 했습니다. 참 멋쩍은 이야기이지만 많은 퀘이커교도들이 유머 감각을 잘 계발

---

* 미국 남북전쟁을 전후하여 진보적 백인들과 흑인들이 남부의 도망 노예들을 북부로 보내기 위해 만든 노예탈출 조직. 실제 철도망을 가리키는 것은 아니다.

72

하지 못한 것도 사실입니다.

퀘이커교도들은 퀘이커들 중에서 두 번째로 대통령이 된 닉슨 대통령을 별로 자랑스럽게 생각하지 않습니다. 첫 번째 대통령이었던 허버트 후버는 워싱턴 DC의 퀘이커 미팅에 자주 참석하곤 했는데, 닉슨은 단 한 번도 나타난 적이 없었지요. 모임에 나오지 않았다는 건 아주 작은 문제일 뿐, 그보다 더 놀랍기도 하고 계속적으로 그의 동료 신앙인들—공화당원이든 민주당원이든, 진보주의자든 보수주의자든—에게 수치심을 안겨준 이유는 그의 국내외 정책보다는 워터게이트 사건에서 그가 진실을 말하지 않았다는 바로 그 사실에 있습니다. 2천 년도 넘는 옛날에 플라톤은 우리에게 말하기를 "진리는 하늘에서나 땅에서나 모든 좋은 것들이 시작되는 시발점이다. 축복받고 행복하기를 원하는 사람들은 처음부터 진리와 함께하는 사람이 되어야 하며, 그러면 그 사람은 신뢰받을 수 있다"라고 했습니다.

거짓이 진실보다 더 어렵다

진리 또는 진실을 말하지 못했을 때 우리는 양심의 가책을 느낍니다. 이것은 진실함이 삶에 있어서 첫 번째 원칙임을, 즉

모호한 의미의 도덕 때문이 아니라 가장 실질적인 이유에서 우리 자식들에게 꼭 심어주고 싶은 원칙임을 알게 해줍니다. 사랑함에 있어, 사업을 함에 있어, 또 우리 삶의 모든 영역에 있어 우리가 서로를 신뢰할 수 있는 것은 서로 간에 정직하기로 약속했기 때문입니다.

제 경험에 의하면 진실을 이야기하는 것은 고고한 도덕성의 문제와는 또 다르게 삶을 단순하게 만들어 줍니다. 다시 한번 실용주의적으로 테스트해 봅시다. 늘 진실을 이야기하도록 훈련하는 사람은 매번 소소한 일에 대해 딴 생각을 하며 대처할 필요가 없습니다. 내가 진실을 이야기해야 할까? 내가 이 가게에서 무엇을 샀다고 하고 주차권을 받을까? 독감에 걸렸다고 하고 회사 빠지고 야구장이나 갈까?

거짓말은 인생에 짐이 되고 인생을 복잡하게 만듭니다. 또한 그것은 우리를 곤경에 빠지게 만들기도 합니다. 거짓말은 관계를 해칩니다. 그리고 거짓말은 기억하기도 힘듭니다. "그 일에 대해 그 사람에게 뭐라고 이야기했었지?" "회사 결근할 때 뭐라고 둘러댔지?" "그분의 생일파티에 못 간다고 내가 무슨 핑계를 댔지?" 같은 물음은 늘 진실만을 이야기하는 사람에게는 문제되지도 않고 헷갈릴 일도 없는 질문들입니다. 우리가 진실을 이야기하기로 마음먹었을 때, 심지어 진실을 이야기하는 것이 어렵고 불편함에도 불구하고 그렇게 하기로 마음먹었을 때, 우리는 죄의식에서 벗어나고 들통 날 염려에서도 벗어납니다. 진실을 이야기하는 것은 간단히 말해, 기분을 좋게 합니다.

하지만 진실하기로 마음먹는다는 것은 많은 사람들에게는 겁나는 일이기도 합니다. 우리는 우리 자신을 남들에게 드러내는 것을 두려워합니다. 자신이 웃음거리가 될까봐 걱정합니다. 우리가 더 이상 가식 또는 거짓의 뒤에 숨을 수 없다면 (늘 긴장은 할지도 모르지만) 진실과 함께 살아야 합니다. 내가 하고 싶지 않은 것을 하지 않은 데 대한 가짜 변명을 댈 수 없다고 해서 무슨 일이 있을까요? 내가 한 행동을 약간의 악의 없는 거짓말로 덮어버리지 못한다고 해서 무슨 일이 일어나겠습니까?

나는 지금 진리가 우리를 자유케 하리라는 요한복음의 가르침을 문자 그대로 받아들이는 경우를 들어보려는 것입니다. 세상 어느 것도 당신 마음속에서 우러나오는 진실을 이야기하는 것보다 당신을 자유롭게 하는 것은 없습니다. 당신 스스로가 말한 것을 믿는 것, 남들로부터 진실하다고 인정받는 것보다 더 힘을 더해주는 것은 없습니다. 가장 친한 친구가 건네는 진실한 의견을 얼마나 존중하고 가치 있게 받아들이는

지 생각해 보십시오. 우리가 얼마나 진실을 이야기하고 또 자신의 진실한 믿음에 따라 행동하는 공인들을 목마르게 기대하는지 생각해 보십시오. 진실을 말하기 위해서는 용기가 필요합니다. 그리고 한 사람이 그런 어려운 용기를 내면 우리 모두에게 힘을 줍니다.

진실의 딜레마

이런 모든 설명에도 불구하고 진실을 말하는 일은 불가피하게도 그것만의 고유한 딜레마를 일으킵니다. 곧이곧대로 진실만을 이야기하기가 어렵다는 것을 우리는 잘 압니다. 왜냐하면 진실만을 이야기하는 것은 때로 무자비하고 무감각하며 파괴적인 결과를 낳기 때문입니다. 진실은 북극성처럼 길을 가리켜줍니다. 하지만 퀘이커교도들은 변함없이 진리만을 이야기해야 한다는 것과 항상 서로를 사랑해야 한다는 두 가지 믿음이 서로 상충하는 경우를 자주 발견하곤 합니다.

'가족 간에는 전적으로 진실하게 이야기해야 한다'는 원칙은 사랑이라는 것과 꽤나 자주 부딪칩니다. 예를 들어 병약하고 겁에 질린 배우자나 부모에게 의사가 말한 모든 것을 전하는 것은 누구에게도 도움이 되는 진실 말하기가 아닙니다. 피아노 치기를 즐기는 아이에게 "너는 재능이 없어"라고 이야기하는 것은 그에게 상처를 주며 건설적이지 못합니다. 당신을 초대한 집주인이 음식이 어떠냐고 물으면 그 대답은 언제나 "맛있다"일 겁니다. 만일 모든 사람이 다른 모든 이들에게 진실을 불쑥 말해버린다면 세상에는 친구가 하나도 남지 않을 것이라는 말이 있습니다.

여럿이 아주 긴밀하게 함께 일하는 단체에서 당신의 참되고 진실한 감정을 말하는 것 또한 비생산적일 수 있습니다. 1960년대에 내가 교장으로 일하던 시드웰 프렌즈 스쿨의 젊은 선생님들 사이에는 한 가지 강하게 공유되던 생각이 있었는데, 그것은 교사회의에서 가식이 없어야 한다는 것과, 비록 동료를 배려하지 못하는 결과가 되더라도 서로 간에 절대적으로 진실한 감정을 드러내야 한다는 것이었습니다. 그들이 존중하는 동료애가 겉과 속이 다른 것이라면, 그 동료애는 정직치 못한 것이라 믿었지요. 그런데 사실 그 젊은 선생님들의 적나라한 솔직함은 학교에 오래 봉직한 선생님들에게는 아주 불편스럽고, 심지어 어떤 분들에게는 퀘이커답지 못한 짓으로 받아들여져서 몇몇 선생님들은 교사회의에 참석하는 것을 중단하기까지 했습니다. 나는 정중함과 공손함도 절대적으로 보호해야 할 필요가 있다고 보았고, 무조건적인 진실을 주장하는 선생님들에게는 아이들에게 종종 이야기하듯 중요한 건 개인이 아니라 집단이라는 점을 일깨워주었습니다. 우리는 서로 도울 때만이 함께 일한다는 게 무엇인지도 배울 수 있습니다. 퀘이커 학교를 운영하는 문제에 있어 역설적인 점이라면, 개인의 신념을 표현하는 것이 퀘이커주의의 핵심이지만, 개인의 신념을 존중해야 한다고 해서 학교를 위해 좋은 것 즉 대의를 희생할 수는 없다는 것이었습니다.

진실을 말해야 한다고 해서 절대적이거나 완벽한 답이 있다는 건 아닙니다. 내가 개인적으로 세운 룰은, 상대에게 심각한 해가 되지 않는 한 되도록 진실을 이야기한다는 것입니다. 내게는 이 룰이 지키기 가장 쉬운 룰의 하나입니다. 우리가 자신에게 진실하기를 열망한다면, 각자의 범위 안에서 진실을 이야기하겠다고 약속하는 것도 좋은 출발점이 될 겁니다. 진실을 말한다는 것에 대해 철학자 칸트는 이르기를, 다른 사람들의 부족함에는 보다 너그럽고 우리 자신에게는 보다 엄격해야 한다고 했습니다. 하지만 우리들 개개인이 스스로 정한 약속이 무엇이든 간에 그것을 판단하는 것은 우리 자신뿐입니다.

이것이 우리 일상생활에 대해 의미하는 바는 무엇일까요? 사소하거나 파국적인 결과들로 이끌 다수의 결정들을 매일 내려야 하는 우리 삶에 대해서 말입니다.

최근에 한 여자분이 스스로 괴로운 자기 평가를 해야 했던 어떤 상황을 이야기하며 나의 조언을 구한 적이 있습니다. 그분을 낙심케 한 행동은 사실 별게 아니었지만, 그 행동이 가져온 결과가 그분 양심을 괴롭혔던 것이지요. 얼마 전 그분 생일에 시어머니가 향수 한 병을 선물로 주셨는데, 그분은 자기 어린 딸이 보는 가운데 실제로는 그 향수의 향을 별로 좋아하지 않았음에도 아주 좋은 척하고 받았다는 것이었습니다.

일주일 후에 그 여자분은 다른 도시로 딸과 함께 여행하게 되었는데, 시어머니에게서 받은 그 비싼 향수를 하룻밤 머물 집주인 친구에게 선물로 주기로 작정했답니다. 그래서 그분은 딸에게 이 향수가 할머니로부터 받은 선물이라는 것을 엄마 친구에게는 절대 얘기하지 말라고 당부했죠. 시어머니는 몰랐겠지만 사실 그 여성분에게는 향수가 혼자 마음껏 쓰고도 남을 만큼 많았다고 합니다. 그리고 친구인 집주인은 시어머니가 준 향수의 향을 예전부터 좋아했고요. 향수 선물을 받은 친구가 선물을 열어보고 고맙다고 이야기하자, 어린 딸이 다 알고 있다는 눈빛으로 엄마를 쏘아보았다고 합니다. 엄마는 딸의 그 눈빛이 매우 아프게 느껴졌고요….

"선생님은 퀘이커교도시죠?"라고 그녀는 내게 물었습니다.

"저는 퀘이커교도들은 언제나 진실만을 이야기한다고 알고 있어요. 제가 정말 뭔가를 아주 잘못한 건가요, 아니면 이런 무해한 거짓말은 괜찮은 건가요?"

그분이 저에게 이 질문을 했다는 것 자체가 그녀의 양심이 이미 그녀에게 답을 주었고, 또 이 거짓말로 인해 뭔가 해를 입었다는 것을 의미합니다. 내가 단순하게 위로의 대답이나 하려 했다면, 어느 누구도 그 거짓말에 의해 다치지 않았다고 했을 겁니다. 그분 친구는 선물을 기쁘게 받았고, 시어머니도 이 일을 전혀 알지 못할 테니까요. 하지만 그녀가 취한 행동의 또 다른 결과는, 그녀가 묵시적으로 딸에게 '엄마는 거짓말을 해도 괜찮아'라는 본보기를 보였다는 것입니다.

당신 자신 안의 진실을 보라

이 경이로운 세상에서 자라났음에도 세상이 그저 그렇고 때로는 그들의 기대와 꿈에 적대적이기도 하다는 것을 천천히 발견하는 내 손자손녀들에게 주는 퀘이커의 메시지는 다음과 같습니다.

인생은 답을 가지고 풀어야 하는 문젯거리가 아닙니다. 인생은 매일매일 살아내야 하는 것이고, 우리의 지혜, 우리의 상식, 진리에 대한 우리의 갈망에 반하는 선택들이 뒤죽박죽 섞인 채로 매일 우리 앞에 놓입니다. 인생에 있어 우리가 선택할 일은 수없이 많습니다. 선택들은 한 무더기로 우리들에게 쏟아집니다. 우리들은 갓난아기 때부터 무엇인가를, 그게 수학이든 음악이든 운동이든 간에 그 무엇인가를 잘하는 것이 인생을 잘 살아가는 데 중요하다고 배웠습니다.

진리 또는 진실은 우리의 양심을 통해서 계속 끈질기게 우리에게 이야기합니다. 하지만 우리는 우리 깊은 곳으로부터 다른 메시지를 듣기도 합니다. 그 가운데 가장 시급한 것은 우리 스스로에게 진실한 것, 즉 남이 아닌 우리 자신이 되는 것입니다. 자라나면서 나는 다른 사람들이 나에게 어떤 사람이 되기를 원하는지 잘 알아차렸습니다. 한데 때로는 남들이 나에 대해 갖는 기대가 내 참모습과는 반대인 경우도 있었습니다. 때로는 지금까지도 내 삶이 서로 다른 이 두 사람 사이의 갈등으로 느껴지기도 합니다. 나는 내 영혼을 위한 서로 다른 내 안의 두 사람 사이의 경쟁이 참 경이롭게도 나의 도덕성을 튼튼히 해주었다고 생각합니다. 그리고 이 갈등이 바로 하느님께서 우리를, 우리 본성 속의 모든 갈등들과 다투어야 하는, '천사보다 조금 못한' 창조물로 만들 때부터 의도하신 것이라 생각합니다. 우리의 본성의 가장 중심에 있는 것은 진실/진리입니다.

진실/진리를 발견하는 가장 좋은 방법은 우리의 마음^{hearts}에 주의를 기울이는 것입니다. 인생의 경험, 특히 우리 자신이나 가까운 사람들이 겪은 고난은 우리 마음을 단련시키고 우리의 지혜를 늘려 줍니다. 프랑스 철학자 파스칼은 "마음은 그 나름대로의 이유들을 가지고 있다, 한데 이유는 아무것도 그것에 관해 알지 못한다"라고 말한 바 있습니다. 진리/진실을 찾는 것은 모두에게 가능한 일입니다. 우리 각자의 마음속에는 신성함의 씨앗이, 즉 진리/진실의 내면적 불빛이 우리와 함께 살아가고 있습니다. 비록 그것이 우리 안에 있지만 우리는 그 빛이 우리의 길을 비추리라는 것을 믿고 그 빛을 향해 나아가야 합니다. 이를 위해 우리에게 필요한 것은 영혼의 단순함, 침묵, 그리고 방해 없이 집중할 수 있는 분위기뿐입니다. 같은 불빛이 오랜 세월 동안 당신과 같은 사람들을 인도해왔다는 것을 생각하십시오. 우리가 우리 자신에게 진실하지 않고, 우리 내면의 불빛에 진실하지 않다면 그 어느 것에도 진실할 수 없습니다. 퀘이커교도들은 진리라는 영어단어 'truth'의 중요성을 강조하기 위해 t를 대문자로 'Truth'로 쓰기를 좋아합니다. 하지만 퀘이커교도들은 그저 말로서의 진리/진실은 아무런 쓸모가 없고 행동과 결합했을 때 참다운 의미를 갖는다고 믿습니다.

우리가 진리/진실에 대해 이야기할 때는 그저 수학적인 '참'을 말하는 것이 아니라는 것을 기억하십시오. 진리/진실을 이야기할 때 우리는 우리 안에서만 찾을 수 있는 지식을 이야기하는 것입니다. 우리 삶은 너무 바쁜 나머지 진리/진실을 찾기 위한 시간을 만들어내기가 무척 힘듭니다. 우리는 일상을 살아내고 헤쳐가고 따라가느라, 또 우리 자신을 즐겁게 하는데 너무 깊이 빠져 있습니다. 하지만 일깨움은 하루의 어느 순간이고 올 수 있습니다. 당신 안의 뭔가가 '잠깐, 지금 이것이 내가 원하는 나의 모습인가?'라고 말합니다. 그리고 그 순간의 깨달음이 올 때 당신은 거기에 대한 답을 찾을 수 있을 것입니다.

시인 월트 휘트먼은 날카로운 통찰력으로 진리/진실을 "우리의 영혼을 만족시키는 그 모든 것"이라고 정의한 바 있습니다. "무엇이 영혼을 만족시킬까?"라는 질문은 우리가 단지 끌리는 것들과 우리가 진정으로 원하는 것들을 구별할 수 있도록 해줍니다. 많은 것들이 우리를 끌리게 하고 또 자극을 주기도 하지요. 권력, 아름다움, 새롭고 색다른 것들이 그런 것들입니다. 하지만 진리/진실에 의해서만 우리 영혼은 만족을 얻고, 우리의 영감은 더 자라나게 될 것입니다.

4

단순함

SIMPLICITY

종교가 주는 가장 커다란 가치는 우리가 따라야 할 삶의 틀을 제공해준다는 데 있습니다. 나는 늘 생각하기를, 퀘이커주의의 아름다움과 저력은 우리들로 하여금 보다 진실하게, 보다 단순하게, 보다 남을 위해 헌신하는 삶을 살도록 권면하는 데 있다고 느꼈습니다. 많은 퀘이커 친우들에게 있어 단순함은 그들의 매일 매일의 삶을 규정해 주는 신앙의 주춧돌과 같습니다.

퀘이커들이 보기에 단순함은 진리/진실과 똑같은 미덕입니다. 진리/진실과 단순함은 매끄럽게 서로 얽혀 있습니다. 영혼의 단순함 없이는 진리/진실을 받아들일 채비가 되어 있다고 할 수 없습니다. 또한 우리가 진리/진실에 맞춰 행동하지 못한다면, 우리의 삶으로 말할 수도 없습니다. 하지만 나는 퀘이커가 말하는 단순함이라는 개념이 사람들에게 제대로 이해되지 않는 게 염려스럽습니다. 퀘이커들이 극찬하는 삶의 단순함은 세속의 것들을 저버리거나 덜 복잡했던 지난 시절로 되돌아가고자 하는 것이 아닙니다. 퀘이커들이 추구하는 단순함은 항상 곁에 있는 믿을 수 있는 기준과 같은 것이며, 삶의 한 방편이 될 수 있는 절제와 비슷한 것입니다. 또한 단순한 삶을 산다는 것은 조용한 곳을 찾아 삶을 되돌아보고 자기 스스로에 대해 만족감을 느끼는 것도 아닙니다. 그런 것들과는 거리가 멉니다. 단순하게 산다는 것은 스스로에게 세상 안에서 좋은 일을 하려는 욕구, 최상의 상태로 나아가려는 욕구를 좇을 자유를 허락하는 것을 말합니다.

퀘이커들이 생각하는 단순함

퀘이커들만이 단순함을 극찬한 사람들은 아닙니다. 가령 미국의 자연주의 사상가 헨리 소로 Henry David Thoreau, 1817~1862 는 퀘이커들조차 상상하기 어려울 정도의 내핍을 통한 단순한 생활을 사람들에게 요구하기도 했습니다. 그러나 퀘이커들에게 있어 단순함이란 그들의 기본적인 종교적 믿음과 준

칙에 곧바로 연결되는 개념입니다. 물질적 욕망에 사로잡혀 있는 사람은 조용히 앉아 하느님의 작고 고요한 목소리를 들을 준비가 되어 있지 않습니다.

퀘이커들은 성스러운 것과 세속적인 것을 서로 다른 영역으로 분리하지 않습니다. 퀘이커들에게 '단순함'이라는 단어는 예배드리는 데서 자연히 따라오는 삶의 방식을 뜻합니다. 예배드리는 데 필요한 것이라고 해야 조용한 장소나 아주 소박한 모임 장소밖에 없습니다. 마음속으로부터의 빛을 서로 나누고 서로 진리/진실을 찾도록 돕는 데 필요한 것은 그것을 구하는 이들 사이의 분명하고 명확한 말뿐입니다. 우리가 살아가는 데 필요한 것은 소지품 몇 가지, 영혼의 단순함, 그리고 모든 이들의 마음속에 있는 성스러운 불꽃에 응답할 준비뿐입니다.

여러분들이 보다 단순한 삶을 살기 위해 퀘이커가 되어야 할 필요는 없습니다. 물론 퀘이커가 되면 훨씬 낫지요. 퀘이커들이 단순함을 접하는 것은 어렸을 때부터 시작됩니다. 보이는 것이라고는 흰 벽과 대부분 머리를 숙이고 있는 무덤덤한 표정의 사람들밖에 없는 모임에 가서 소박한 나무 벤치에 고요히 앉아있을 때부터이지요. 그곳에는 음악도 없고, 간간히 누군가가 이야기하는 것 외에는 아무 소리도 들리지 않습니다. 처음에는 이런 환경에 적응하는 것이 쉽지 않을지도 모릅니다. 아이들은 보통 부산하고 쉽게 주의가 산만해지기 때문이지요. 하지만 이런 분위기 속에서 단순함이 사람들 안에서 조금씩 자라나기 시작합니다.

사실 단순함simplicity이라는 단어는 초기 퀘이커들에게는 별로 주목받지 못했습니다. 꾸밈없고 평이하다는 뜻의 'plain'을 주로 썼는데, 그것은 이 단어가 더 구체적이었기 때문입니다. 초기 퀘이커들은 '소박한 옷'plain dress, '꾸밈없는 말투'plain speech 같은 보고 들을 수 있는 것으로 단순함을 표현하려고 했습니다. 퀘이커가 쓰는 단순한 말투의 예로는 'you' 대신에 'thee'나 'thou' 같은 표현을 쓰는 것인데, 내가 자라날 때부터 용법이 'you'로 바뀌어 우리 자녀 세대에서는 그 표현들이 완전히 사라지고 말았습니다. 나와 두 여동생은 'you'라는 말을 서로에 대해서만이 아니라 대부분의 친구와 사촌들에게 씁니다. 하지만 부모님이나 할머니, 할아버지, 삼촌, 숙모라든지 우리 모두가 존경하는 샐리 대고모님과 이야기할 때는 아무리 비공식적인 자리라도 자동적으로 'you' 대신 'thee'나 'thou'를 씁니다.

내 친척들 대부분은 서로에게 이야기할 때 예스런 퀘이커식으로 말을 건넵니다. 그러나 맥주를 좋아하고 파이프 담배를 즐기는 등 신실한 신자라기보다는 훨씬 더 사람 같은 우리 아버지는 'thee'나 'thou' 같은 표현을 다른 사람이 자신에게 사용하는 것은 용인했지만, 스스로는 집안사람에게나 바깥사람에게나 거의 쓰지 않았습니다. 여러 해가 지나 내가 고향 무어스타운을 떠나 하버드 대학교에 입학했을 때, 아버지는 아들을 보러 학교에 오셨습니다. 그때 나는 잠깐 고민을 했지요. 세련된 내 대학 친구들 앞에서 과연 우리 아버지를 'thee'라고 불러서 친구들 사이에 아주 희한하고 심지어 구닥다리 같은 녀석으로 낙인찍힐 위험을 감내해야 할까 하고 말입니다. 아버지를 만나는 순간이 되었을 때 내가 가진 고민에 대한 답은 분명해졌습니다. 내가 자라오면서 우리 어머니나 아버지를 'you'라고 부르는 것은 생각도 할 수 없는 일이었습니다. 비록 내가 집을 떠나 대도시에, 그리고 퀘이커가 세우지 않은 대학에 와서 공부한다 할지라도, 내가 강보에 싸인 어린아이 때부터 들어왔던 '꾸밈없는 말'과 그 말이 내포한 가치를 저버릴 수 없었습니다. 꾸밈없는 말투와 거기에 따라오는 가치는 나와 분리할 수 없는 나의 한 부분이었기 때문입니다.

우리가 단순하게 살지 못하는 이유

　꾸밈없는 말은 단순한 삶의 한 가지 단면일 뿐입니다. 누가 나에게 퀘이커들의 단순함을 딱 꼬집어 정의해달라고 한다면, 나는 퀘이커들이 말하는 단순함이란 사람들이 얼마나 많이 가졌는가와는 별로 상관이 없고, 사람들이 가진 물질이 그들을 소유하지 않게 하는 것이 그 단순함의 전부라고 말하겠습니다. 오늘날 우리들은 모두 다 보통의 삶이 주는 부담감과 유혹에 짓눌려 있습니다. 우리는 너무나 효과적이어서 뿌리치기가 매우 힘든 광고들이 범람하는 시대에 살고 있습니다. 텔레비전에서는 가난해서 먹을 것도 제대로 구하지 못하는 집의 아이들에까지 백 달러가 넘는 운동화를 사라는 광고를 무차별적으로 퍼붓습니다. 값비싼 새로운 장난감 선전 때문에 있는 집 아이건 없는 집 아이건 상관없이 탐욕이 솟아오릅니다. 우리는 원하는 거의 모든 것을 즉시 살 수 있습니다. 바쁠 때는 가게에 갈 것도 없이 전화 한 통이면 됩니다. 신용카드는 우리에게 무엇이든 즉시 살 수 있게 해주며, 현금자동지급기는 곧바로 현금을 우리에게 내줍니다.

　"내게 무엇이 필요한가?"는 단순함이 던지는 가장 근원적인 질문입니다. 이는 늘 무엇인가를 갖고자 하는 우리들의 원초적 성향을 문질러 지우는 질문이기도 하고, 또 우리들 가운데 아주 적은 수의 사람들만이 던지는 질문입니다. 미국에서 가장 선호하는 주말 활동은 운동을 하거나, 정원을 돌보거나, 등산을 하거나, 독서를 하거나, 친구와 이웃을 만나는 것이 아닙니다. 가장 선호하는 주말 활동은 쇼핑입니다. 필요에 의해서가 아니라 욕심 때문에 우리는 무엇인가 사려고 하고, 그냥 이것저것 살 게 없나 들여다보려고 밖으로 나갑니다. 우리는 자신이나 자녀를 위해 뭔가 비싼 것을 살 수 있는 능력이 있다고 느끼면서 왜곡된 자부심을 얻습니다. 사람들로 북적이고 활기찬 쇼핑몰은 인근의 중심이 되었습니다. 우리는 쇼핑몰에 있는 번쩍이는 상품들을 훑어보며 삶의 지루함과 공허함을 뒤로 합니다. 하지만 우리 중 많은 사람들은 물욕에 빠져 이것저것을 사들이는 것이 우리의 행복에 장애물이 될 수 있으며, 우리 내면에 있는 최상의 것을 보기 어렵게 만들고, 결국 다시 지루함과 공허함으로 되돌아가게 만들며, 우리 아이들의 가치관을 망쳐놓는다는 것을 그간 배워왔습니다. 그렇기에 쇼핑몰 밖으로 나와서는 거의 기울어가는 주말 오후의 마지막 햇빛에 눈살을 찡그리며 불만과 후회와 또 짜증스러움을 느끼곤 합니다.

양식 있는 많은 젊은 부모들에게 기업 마케팅 전략이 유발한 아이들의 물질주의를 어떻게 다루어야 할지는 이미 매우 중요한 이슈가 되었습니다. 부모들은 아이들에게 무엇을 주고 무엇을 주지 말아야 할지 결정하는 문제에서부터 아이들이 원하는 것과 필요로 하는 것 사이의 균형을 어떻게 유지해야 할지, 또 아이들로 하여금 물건과 사랑을 혼동하지 않도록 가르치려면 어떻게 해야 할지를 묻습니다.

무엇인가를 사야 한다는 강박관념이 내가 어렸을 때보다 훨씬 더 심해지긴 했지만, 물욕이 단지 이 시대의 현상만은 아닙니다. 나는 사촌들과 함께 펜실베이니아 주 저먼타운 Germantown이라는 도시 가까이에 있는 뉴저지 무어스타운이라는 곳에서 자랐습니다. 내 사촌들의 부모, 즉 우리 삼촌과 숙모는 우리 부모들과는 비교가 안 되게 부유했습니다. 함께 놀던 사촌 형제 몇몇은 내 상상력을 넘어서는 것은 물론이고 내 안에 있는 퀘이커답지 못한 질투심까지 유발하는 장난감들과 운동용품들을 여럿 가지고 있었습니다. 나는 지금까지도 사촌 집 지하실에 있던 귀중한 보화 같던 전기 작동 기관차, 당구대, 탁구대들을 아주 자세히 그려낼 수 있습니다.

나는 최근에 12살 된 손자 크리스토퍼와 9살인 손녀 제니퍼에게, 퀘이커가 된다는 것이 그들에게는 무엇을 뜻하는지 물은 적이 있습니다. 아이들은 질문을 받고 잠시 생각하더니

"퀘이커가 되는 것은 단순해지는 것이에요. 퀘이커들에게는 아주 많은 것이 필요하지 않아요."라고 답했습니다. 내가 이 대답에 굉장히 기뻐하긴 했지만, 아이들이 이렇게 생각할 수 있기까지 아이들 부모가 친구 집에서 놀고 온 애들과 얼마나 많은 이야기를 나눠야 했을지 덧붙이지 않을 수 없습니다. 집과 생활수준이 훨씬 풍족한 친구 집에서 아이들에게 즐거웠던 점이 무엇인지 이야기하고, 가족 모두 물질적 풍요를 과도하게 추구하지 않는 삶을 살기로 한 것을 일깨워주려는 노력이 효과가 있었나 봅니다. 잠시 동안이겠지만 말이죠.

무엇인가를 손에 넣으려는 아이들의 물욕에 대한 퀘이커들의 대처법은 부모들부터 자신들의 우선순위를 정하고, 불필요한 과잉의 것들이 단순한 삶을 살려는 노력을 방해하지 못하게 하는 것입니다. 부모들은 그들의 삶으로 말함으로써 아이들에게 물질적이 아닌 것도 흥미롭고 또 관심을 가질 만하다는 것을 깨닫도록 도와줄 수 있습니다. 아이들은 남에게서 이야기를 듣기보다는 스스로 보고 관찰한 것들로부터 더 많이 배웁니다. 가족이 함께 저녁을 하면서 하루를 보내며 각자 겪었던 일들이나 생각들을 나누나요? 함께 등산, 캠핑을 하거나 동네의 이런저런 일들에 참여하는 것을 즐기나요? 한여름 주말 오후에 쇼핑몰에 가기보다는 이웃과 소풍 가는 것을 더 즐겁게 생각하나요? 가족들에게 이것저것이 넘쳐나지 않더라도 여전히 넉넉하게 보이나요?

외할아버지의 방식

나는 어렸을 때 외조부모 때문에 단순함의 의미에 대해 잠시 혼란을 겪은 적이 있습니다. 스토크스 할아버지와 할머니는 우리 집 길 건너편에 사셨는데, 두 분 모두 독실한 퀘이커 교도로 주위에서 명망이 높았습니다. 그런데 이분들의 생활이 어린 제 눈에는 꽤 사치스럽게 보였던 겁니다. 두 분의 멋지고 널찍한 집은 언덕 위에 자리 잡고 있었고, 집 안에는 맛있는 딸기를 키우는 딸기밭까지 내닫는 넓은 잔디밭이 있었습니다. 집 뒤에는 게이트볼의 원조 격인 크로케를 할 수 있는 정돈된 잔디밭과 할아버지의 소들이 풀을 뜯던 초지가 있었습니다. 할아버지는 새 뷰익 승용차를 3년마다 한 번씩 구입했고, 자주 여기저기로 여행을 다녔습니다. 일하는 사람도 세명을 두었고요. 할아버지 할머니는 또 펜실베이니아 주의 휴양지인 포코노 호수 근처에 작은 오두막 별장도 가지고 있었습니다. 몇몇 퀘이커 가정들이 20세기로 넘어올 무렵 그 오두막을 빌려 시골스러운 멋을 보전해 놓았던 거죠.

할아버지의 단순함은 "우리 삶은 불필요한 디테일에 낭비되고 있다. 단순해지자, 단순해지자, 단순해지자! 백 가지 천가지 일을 벌일 게 아니라 두세 가지에만 집중하자. 할 일들을 엄지손톱에 올려놓을 정도로…"라고 이야기했던 헨리 데이비드 소로의 단순함과는 분명코 다릅니다. 할아버지는 비록 엄지손톱에 올려놓을 정도보다는 훨씬 많은 일에 관여했지만, 시간과 돈이란 결코 낭비해서는 안 될 것들이라는 점도 우리에게 가르쳐주었습니다. 돈은 기름과 같아서 여러 가지를 움직이게 하지요. 하지만 눈에 띄지 않도록 했습니다. 할아버지는 돈의 사용내역을 작은 공책에 자세히 기록하면서 잘 관리했지만, 그것을 결코 대화의 주제로 삼지는 않았습니다. 그리고 할아버지의 여행, 돈, 새로 산 뷰익 자동차, 크로케, 딸기들, 호숫가의 여름휴가와 같은 모든 것을 자녀들, 손자들, 친척들 그리고 이웃들에게 생각과 경험과 지식을 나누고 전하는 도구로 썼습니다.

나는 나중에 커서 집을 떠나 살게 되어서야 비로소 할아버지의 충만하고 충족된 삶 속에서 어떻게 단순함이 발현되었는지 깨달았습니다. 내가 '아하!' 하고 문득 깨닫게 된 것은 일요일 저녁 온 가족이 모여 식사하고 난 후 종종 있었던 일 때문입니다. 1930년대 미국 가정을 상상해 봅시다. 나와 두 여동생 그리고 부모님이 일요일의 모임을 마치고 할아버지 할머니와 함께 머리를 숙이고 식탁에 둘러 앉아 기도하고 있습니다. 할아버지가 머리를 천천히 들면서 침묵을 깨뜨립니다. 그러면 마치 마술처럼 부엌문이 열리고 집에서 요리하는 아주머니가 만든 맛있는 통닭과 여러 가지 야채들, 그리고 집에서 만든 아이스크림과 케이크가 차례로 나옵니다.

　그러나 내 생애 동안 머리에 남아있는 것은 우리가 식후에 자주 했던 일인데, 그것을 통해 나는 단순함의 참된 의미를 상징화하였습니다. 할아버지는 우리들에게 종종 '솔밭'으로 드라이브하자고 제안했습니다. '솔밭'은 무어스타운 동쪽으로 약 25킬로미터 떨어진 곳에서부터 대서양 쪽으로 약 60킬로미터 정도 뻗어있는 뉴저지의 소나무 숲을 말하지요. 포장된 큰길이 끝나면 우리는 울퉁불퉁 구부러진 길, 지도에도 잘 나타나지 않는 모랫길을 몇 킬로미터 더 운전해서 길이 더 이상 없는 숲까지 갔습니다. 그런 후에 차에서 내려 할아버지를 좇아 초록 숲에 둘러싸인 아주 작은 우물가로 갔습니다. 거기에 도착한 할아버지는 아주 작고 예쁜 노란 꽃을 찾아내기 위해 다른 식물들을 이리저리 헤치셨습니다. 그 노란 꽃은 정말 말로 형언할 수 없이 예뻤는데 근처에는 비슷한 종류가 전혀 없고, 또 나중에 알게 된 것이지만 서방세계에는 몇 개 되지 않는 희귀한 꽃이었습니다. 열정적이고 식견 있는 자연주의자였던 할아버지는 여러 해 전에 이 작은 노란 꽃을 발견했습니다. 그리고 이후 필라델피아에 있는 자연과학아카데미The Academy of Natural Science에서 이 꽃을 '*Ficaria Ficaria*'라고 이름 붙였습니다. 어떻게 할아버지는 이 꽃을 처음으로 발견하게 되었을까요? 그리고 어떻게 계절이 바뀌고 또 바뀔 때마다 길도 없는 이곳에서 이 꽃을 계속해서 발견하게 되었을까요?

여러 해가 지난 후 나는 맛있는 저녁식사 후에 하마터면 잃었을 법한 식물학의 보물을 찾아 걸었던 그 일이, 우리 외할아버지가 삶에서 지켜왔고 호흡했던 단순함에 대한 하나의 은유 아닌가 생각하게 되었습니다. 결론적으로 말해서, 우리가 축적하거나 우리를 안락하게 해주는 것들은 이런 일에서 아무 소용이 없다는 얘기입니다. 중요한 것은 우리 마음 한가운데서 움터나는 작은 기적을 인식하고, 그것을 남들과 함께 나누는 능력입니다. 할아버지가 그 작고 노란 꽃봉오리를 보고 기뻐하시던 모습은 나를 늘, 심지어 내가 아주 어렸을 때도, 감탄케 하였습니다. 나는 할아버지가 보인 흥분이 세상에 없던 무엇인가를 찾아냈기 때문이 아니라 하느님의 창조에 대한 무한한 경외감 때문이었다는 것을 확신합니다.

단순함이 보여주는 삶의 경이

물론 내가 우리 삶 속에 있는 최상의 것들이 공짜라는 사실을 처음 알아낸 사람은 아닙니다. 하지만 현대 삶 속의 번잡함이 바로 눈앞에 있는 기쁨을 더욱 알아보기 어렵게 만들고 있습니다. 많은 사람들이 우리 삶 안에서 어떻게 단순함을 구현할지 알기만 한다면 그렇게 살아갈 겁니다. 아미시Amish* 교도들이 살고 있는 펜실베이니아 주와 델라웨어 주를 여행하다 보면, 우리와 동시대에 사는 사람들이 아직도 챙 넓은 모자나 머릿수건을 쓴 채 마차를 타고 가는 것을 보고 놀라곤 합니다. 비록 그들이 그들만의 세계에 사는 것처럼 보이기는 해도, 우리는 그들이 그렇게 천천히 멋들어지게 어디로 가는지, 또 천천히 흘러가는 시간 속에서 무엇을 생각하는지 알고 싶어 합니다. 그들을 바라보며 느끼는 경이감은 우리 안의 깊은 곳으로부터 옵니다. 우리의 삶도 그들처럼 부산스럽지 않고 강박적이지 말아야 할 텐데 하는 느낌입니다. 오래 지속되는 느낌은 아니지만 분명히 그런 느낌을 받습니다. 다만 그 느낌을 오

---

* 스위스, 독일의 재세례파(Anabaptist)로부터 유래하는 기독교 전통주의자들. 현대 문명을 거부하고 18세기 식 복장과 생활을 고수하며 성서적 생활방식으로 살아가는 교파로, 미국에 약 16만 명이 있는 것으로 알려져 있다.

래 붙들고 있으려 하지 않을 뿐이지요. 하지만 아마도 그 느낌에 대한 참된 관심을 기울일 때가 올 겁니다.

단순함은 다른 미덕과 마찬가지로 유용하기 때문에 가치 있습니다. 나는 운동을 꾸준히 하는 것이 우리의 육체에 도움이 되듯이 우리 삶을 좀 더 단순하게 만드는 것이 우리의 마음과 정신에 도움이 된다는 것을 알게 되었습니다. 단순하고 소박한 삶은 우리로 하여금 자신을 더 절제하게 하고, 더 집중력을 가지게 하며, 더 효과적이게 합니다. 그리고 그런 느낌이 더 뚜렷해질수록 우리는 더 절실하게 그것을 원하게 되고, 매일매일 의식적으로 노력하게 됩니다.

나는 단순함이 우리의 평범한 일상에 비범한 의미를 주는 필수불가결한 요소임을 깨닫곤 합니다. 프랑스의 철학자이자 문필가인 몽테뉴는 이렇게 기술한 바 있습니다. "만일 당신이 어떻게 삶을 구성할지 알게 되었다면, 어떻게 책을 구성해야 할지 아는 사람보다도 훨씬 많은 것을 성취한 것입니다. 다른 모든 것들—권좌에 앉는 것, 부를 쌓는 것, 무엇을 짓는 것 등등—은 기껏해야 사소한 받침대요 부수물에 불과합니다. 인간의 위대하고 영광스런 업적은 단순명료하게 사는 데 to live to the point 있습니다."

단순함은 우리로 하여금 중요한 것에 집중하며 살 수 있게 해 주고, 최상을 향해 가는 길의 장애물을 없애주며, 먼저 해

야 할 일을 먼저 할 수 있도록 삶의 우선순위를 정하는 데 도
움을 줍니다.

5

양 심

CONSCIENCE

나는 어렸을 때 '단순명료하게 산다'는 것을 별로 생각해본 적이 없습니다. 우리 퀘이커 공동체도 몽테뉴나 다른 사상가를 인용해 그것을 설명하는 일 따위는 하지 않았지요. 퀘이커들은 언제나 남에게서 전수받은 지혜보다는 자신의 삶 속에서 얻은 실제적 경험을 중시합니다. '당신의 삶으로 말하라'는 가르침대로 행동하기를 잊지 말라는 충고도 내게는 꽤나 포괄적인 원칙 정도로만 보였습니다.

하지만 아주 어렸을 때부터 내게 분명했던 것은, '당신의 삶으로 말하라'는 원칙이 그저 영적인 개념만은 아니었다는 점입니다. 퀘이커들이 우리들 각자에게 내재해 있다고 믿는 성스러운 불꽃 divine spark 은 우리들의 태생적 특권이자 행동의 숭고한 책임을 수반하는 권리입니다. "나는 어둠과 죽음의 바다를 보았을 뿐 아니라, 그 어둠과 죽음의 바다 위로 흐르는 빛과 사랑의 무한한 바다도 보았다"라고 조지 폭스는 그의 일기에 적었습니다. 어렸을 때 나는 이 말을 우리가 선하게 살고 남에게 봉사함으로써 빛의 세력과 연합할 수 있다는 말로 이해했습니다. 우리의 삶을 '빛의 무한한 바다'와 합치시킬 때만이 이 세상에서 선이 악을 넘어설 수 있다고 배웠지요.

돌이켜 보건대 내가 미래에 대해 무조건적인 자신감을 가질 수 있었던 것은, 장차 내가 바라는 사람이 되는 데 필요한 모든 가이드라인을 나의 종교가 제공해주리라는 것을 너무도 단순하게 믿었기 때문이었습니다. 나는 감탄할 만한 좋은 부모, 조부모, 삼촌들과 사촌들을 롤 모델로 가졌다는 점에서 행운아라고 생각합니다. 모두가 의심할 수 없는 신실함을 갖춘 든든한 퀘이커들이었지요. 언젠가 친척 모두가 크리스마스와 신년 파티를 위해 샐리 대고모 댁에 모였을 때, 나는 스미스가, 스토크스가, 엠런가, 쉽리가 식구들의 즐거운 얼굴을 보고 이들 모두가 틀림없이 선과 악의 싸움에서 빛의 편에 선 굳건한 전사들이라고 느꼈습니다.

1936년 내가 겨우 12살이었을 때, 그때까지 아늑하게 살던 세상이 전쟁이라는 격변에 빠져들게 되었습니다. 히틀러가

라인란트로 진군했고, 무솔리니는 에티오피아를 침공했습니다. 스페인내전이 시작되었고, 중일전쟁이 발발했습니다. 지도상으로만 알던 머나먼 나라에서 일어난 사건들이 늘 가르침을 얻을 것이라 믿었던 나의 종교에서도 쉽게 답을 찾지 못하는 양심의 위기로 나를 몰고 갔습니다. 수년 내로 나는 이전까지 한 번도 자문해 보지 않은 질문, 즉 "내 나라가 전쟁에 빠지면 나는 어찌할 것인가?"라는 질문에 사로잡히게 될 터였죠.

이 질문에 대한 퀘이커들의 답은 내가 살고 있는 집안 공기 속에, 할아버지 댁의 일요일 저녁식사 자리에, 그리고 예배 모임에 이미 들어 있었습니다. 조지 폭스는 우리 모두에게 하느님의 속성이 있다고 가르쳤습니다. 그리고 퀘이커의 가장 중심이 되는 이 믿음이 퀘이커들로 하여금 어느 누구를 차별하거나, 속이거나, 해하거나, 죽여서는 안 된다고 가르쳤습니다. 심지어 나라를 외적으로부터 방어하기 위한 상황에서도 말이죠. 퀘이커교의 가장 탁월한 대변자로 여겨지는 윌리엄 펜 또한 폭력을 분명하게 반대했습니다. 그는 "폭력은 상대를 제압하지만, 사랑은 상대를 얻습니다. 그리고 먼저 용서하는 자가 승리자가 됩니다"라고 기술했습니다.

'비폭력'이라는 퀘이커의 정언은 내가 마주치는 가깝고 따뜻한 세계에서 늘 강조되었습니다. 비폭력은 내 모든 삶 속에서 내가 빨려 들어간 메시지였습니다. 배우기 쉽고 믿기도 쉬운 메시지였지요. 조지 폭스, 윌리엄 펜, 스미스가, 스토크스가, 엠런가의 가르침은 네 이웃을 사랑하고 선한 일을 하라는 것이었습니다. 1936년에 이 가르침은 의심할 것도 없이 소총을 쏘거나 폭탄을 투척하는 것에는 해당되지 않는 듯했습니다.

8년 후 나는 벌지 전투the Battle of Bulge* 에 참가하기 위해 눈 덮인 벨기에의 숲속을 행군해 가는 보병중대의 이등병이 되었습니다.

양심의 위기 앞에서

우리는 차가운 이른 아침에 눈이 여기저기 남아있는 시골 길을 일렬종대로 걷고 있었습니다. 모두 침묵 속에서 한 시간쯤 걸었을까? 우리는 길 모서리를 돌아서면서 거대한 독일 탱크가 88밀리미터 포신을 하늘로 향한 채 구덩이에 빠져 있는 것을 목격했습니다. 나는 세계에서 가장 크고 가공할 만한 파괴력을 지닌 독일제 티거 탱크에 대해서 말로는 들어 보았지만 실물을 이렇게 가까이에서 본 것은 그때가 처음이었습니

---

* 2차 세계대전의 막바지인 1944년 12월, 벨기에 아르덴 숲과 바스토뉴 등에서 벌어진 독일군의 최후 반격에 맞서 싸운 연합군이 이 전투에 붙인 이름.

다. 저기 바로 내 눈앞에 75톤의 육중한 쇳덩이가 있었습니다. 한 달여를 다른 사람들의 전장을 뒤따라 다닌 후, 비로소 우리는 우리들의 전쟁이 시작되었다는 것을 알게 되었지요. 우리는 놀란 채 이 괴물이 다시 깨어나 우리에게 공격을 퍼부을지도 모른다는 우려에 쥐죽은 듯 조용히 지나갔습니다. 계속해서 숲길을 따라 내려가는 도중에 우리는 아군의 P-38기들로부터 기총소사와 함께 폭격을 받았습니다. 우리를 위장한 독일군으로 오인한 것이었지요. 기관포의 총탄이 좁은 흙길의 중간으로 퍼부어대기 시작하자 나는 길옆 도랑으로 뛰어들었습니다. 그리고 잠시 후 도랑에 숨었던 나와 동료들은 쏟아지는 폭탄을 피할 요량으로 도랑에서 빠져나와 숲속으로 포복해 갔습니다. 이 짧았던 2, 3분 동안에 몇 명이 죽었는지는 알 수 없었지만 사방에 시체와, 울음과, 신음소리가 가득했습니다.

다음날 아침 일찍 나를 포함한 세 명은 독일군이 드문드문 매복한 숲을 뚫고 그랑므닐이라는 마을 등성이를 지키던 전방 중대로 기관총 탄약을 옮기라는 명령을 받았습니다. 무거운 탄약을 들고 눈밭을 헤쳐 나가는데, 죽은 독일 병사들이 보이기 시작했습니다. 적들의 죽은 몸뚱이들이었습니다. 그러다가 우리는 우리 또래로 보이는 젊은 독일 병사의 시체를 뚫어지게 바라보았습니다. 정말 운 좋게도 우리는 어제의 총탄과

포격을 피할 수 있었습니다. 나는 왼손 끝을 약간 베이는 정도의 부상밖에 당하지 않았는데, 그 상처는 아직까지 남아서 지금 이 글을 쓰는 순간에도 내 왼손의 상처자국을 볼 수 있습니다.

그날 독일군은 그랑므닐을 버리고 퇴각했습니다. 마을로 들어서면서 우리는 옥수숫대 더미 위에 쌓여있는 독일군 시체에서 나는 악취에 코를 막아야 했습니다. 우리는 폭격당한 집을, 첨탑이 날아가고 벽엔 포탄 자국으로 구멍이 뚫린 교회를, 그리고 검은 나뭇가지가 몸뚱이에서 솟아난 듯 하늘로 다리를 뻗은 채 뻣뻣하게 죽어 넘어진 말들을 그저 충격에 쌓인 채 물끄러미 바라보았습니다. 거기에는 말로 묘사할 수 없는 모든 형해들이 무거운 침묵 속에 있을 뿐이었습니다.

'그랑므닐과 내 고향 무어스타운 사이의 거리는 얼마나 될까?'

아마 내 퀘이커 친구들에게는 달까지의 거리만큼 멀게 생각되었을 겁니다. 그러나 나에게는 이 두 장소가 분리될 수 없는 상태로, 양심이 끊임없이 현실과 만나는 내 마음 속에 굳건히 자리 잡고 있었습니다. 어떤 이유에서인지 몰라도 퀘이커 교도로서 어린 시절을 보내는 동안 나는 내가 가진 종교의 기본적인 가르침 중 한 가지를 잘 이해하지 못했습니다. 그것은 부모님도 아니고, 선생님도 아니고, 책 속의 현자들도 아닌 '네 안에 있는 하느님, 즉 작고 고요한 마음의 소리가 너에게 무엇이 옳고 그른가를 알려준다'는 것이었습니다. 조지 폭스는 분명히 말하기를 "각 퀘이커교도들은 자유롭게 빛을 좇을 수 있어야 한다"라고 했습니다. 우리 퀘이커들은 종교지도자들이 내세우는 권위에 의존하기보다는 자기 자신의 실존적 경험의 중요성을 강조하기 때문에 '빛을 좇는 것'이 나의 개인적 양심을 좇아가는 것이라 확실히 말할 수 있습니다.

내 안의 작은 목소리

그랑므닐을 향한 나의 개인적 여정은 내가 열일곱이었던 1941년 8월 미국 북부 메인 주의 알라개시 강을 따라 2주간의 카누여행을 할 때 시작되었습니다. 바윗돌 사이를 평화로이 흐르던 물소리는 영국을 보호한다는 명목으로 루스벨트 대통령이 2차 세계대전 참전을 선언한 후, 캐나다와 대서양 쪽으로 날아가는 군용기 편대의 거대한 기계음에 묻혀버렸습니다. 비행기 편대는 눈에서 곧 사라졌고, 그 소리도 일분이 채 지나지 않아 더 이상 들리지 않았지만, 이 짧은 시간 동안에 아늑하던 우리 세상은 먼 곳에서 벌어진 위험하고도 위협적인 사건들에 좌우되는 곳으로 변해버리고 말았습니다.

전쟁터로 떠나는 군용기 편대가 여유롭고 평화로운 땅 위를 날아가는 이 장면은 내가 그간 삶에 대해 배워온 여러 가지 것들에 대한 은유로 지금까지 남아있습니다. 그것은 바로 우리의 삶은 예측 불가능하고, 우리의 삶은 가장 중요하고 귀중한 것들로부터도 악을 제거해 버리지 못하며, 우리의 삶은 우리가 세운 최상의 계획과 희망을 이해할 수 없게, 그리고 무자비하게 통제한다는 것입니다. 나는 또한 전쟁터로 가는 그 군용기들의 소음을 내 생애에 있어서 양심의 첫 번째 경고로 기억합니다. 놀라운 경험이었습니다.

집에 돌아와서 부모님께 이 일을 말씀드렸더니 그분들은 전쟁에 대해 이야기하는 것을 꺼려하는 것 같았습니다. 부모님은 전쟁에 관한 이야기보다는 내가 어느 대학에 지원할 것인가에 대해 더 이야기하고 싶어 했습니다. 나는 부모님이 전쟁에 관한 이야기를 피하려는 까닭이 곧 나에게 닥칠 징병이라는 커다란 문제에 대한 그분들의 두려움과, 또 확신 때문이라는 것을 알고 있었습니다. 내가 선택할 수 있는 대학은 아버지와 많은 친척들이 다녔고 또 내 사촌들이 장차 진학할 퀘이커 명문대학인 해버퍼드 대학Haverford College과, 항상 매력적인 선택지로 보이던 하버드 대학 중 하나였습니다. 어머니는 내가 해버퍼드에 가면, 그곳 교풍의 영향 속에서 서로 비슷한 배경을 가진 학생들을 만나 그간 자라면서 배워온 것을 서로 북돋아주고 교류하는 가운데 내가 양심적 병역거부자가 되리라고 확신했고, 그것을 원했습니다.

아버지는 어두운 쪽으로만 보지는 않았습니다. 아버지는 1차 세계대전 때 의무중대 요원으로 프랑스에서 군 생활을 했고, 그 때문에 최전선에 서지 못한 것을 늘 아쉬워했습니다. 가끔 아버지의 군대 친구인 개럿 씨라는 분이 일요일 저녁에 식사하러 오고는 했습니다. 아버지는 개럿 씨가 최전선에서 전쟁을 치렀다고 자랑하는 얘기를 즐거이 들으셨고, 내 짐작으로는 내가 진짜 참전용사로부터 생생한 전장의 기억을 듣는 것이 좋다고 생각했던 것 같습니다. 어머니는 이런저런 전쟁 이야기를 참고 듣긴 했지만, 아저씨가 돌아가고 나면 늘 나에게 개럿 씨는 우리와 조금 다른 분이라고 강조해 말하고는 했습니다. 어머니의 우려에도 불구하고 개럿 씨의 전쟁 이야기들은 나에게 약간의 영향을 미쳤습니다. 이야기를 들으면서 내가 점점 더 분명하게 느꼈던 것은, 히틀러는 우리가 맞서 싸워야 할 잔혹한 살인마이고, 전체주의는 내가 나의 삶 속에서 만날 어둠의 바다와 아주 흡사한 것이라는 점이었습니다.

"하느님의 속성이 모든 인간에게 있는가?" "우리가 정말 야만적인 잔혹함이 지배하는 이 세상에서 그런 이상론을 이야기할 수 있을까?" "히틀러에 맞서 인도주의를 지키는 것이, 비폭력이라는 우리 퀘이커 믿음에 앞서 이루어져야 하는 것 아닌가?" 이런 것들이 내가 듣기 시작하고 또 주의 깊게 관심을 갖기 시작한 내 마음속의 외침이었습니다. 여자친구나 학교에는 별 관심이 없었던 나에게 이런 생각들이 내 고등학교 졸업반 시절을 통해 발전해 갔습니다. 나는 별달리 고민하지 않고 하버드 대학에 가기로 결심했습니다. 징병청으로부터 내 정치적 성향에 대한 질문서가 왔을 때, 나는 '양심적 병역거부자'라고 표기하지 않았습니다.

결단의 때가 왔을 때 어떻게 그렇게 갈등을 겪지 않았는지 생각하면 참 놀랍기도 합니다. 사실 어려움은 내 결정을 부모님께 설명하는 것이었습니다. 특히 어머니께 말입니다. 내가 어릴 때 무언가 어머니를 기쁘게 하는 일을 하면, 어머니는 당신 특유의 조용한 말투로 "너는 참 착한아이야"라고 말하곤 했습니다. 하버드 대학에 가고 징병에 응하기로 한 결정은 내가 처음으로 어머니의 마음을 상심케 하고 실망을 안겨드린 일이었습니다. 그때 나의 삶은 분명 새로운 장으로 접어들고 있었습니다. 나는 더 이상 우리 어머니의 착한아이가 아니었습니다.

하버드 대학에 진학하고 얼마 후 나는 미 육군에 속하게 되었습니다. 그리고 그런 과정 속에서 나는 어엿하게 독립된 내가 되었습니다. 누가 나에게 전쟁터로 나갈 군인의 길로 들어서는 것이 어찌 그리 쉬웠느냐고 묻는다면, 퀘이커교도로서 내가 갖고 있던 가치에 히틀러 치하 유럽의 암흑상황이 불을 붙였다고 말할 수 있을 겁니다. 내 사춘기를 짓눌렀던 것은 외국에서 괴물처럼 무자비한 압제가 승리하고 있다는 것이었습니다. 내 양심은 무엇이 옳고 무엇이 그른 것인가를 분명히 말하고 있는데 어떻게 내가 양심적 병역거부자가 될 수 있겠습니까? 그때 나는 나 자신이 양심을 지닌 사람, 어둠과 악의 세력에 맞서 빛의 편에 서는, 참된 퀘이커교도가 되어가고 있다고 느꼈습니다.

그리고 내가 육군에 입대하기로 한 데는 숭고함과는 좀 거리가 있는 두 번째 이유가 있었습니다. 나는 내 사촌들을 좀 놀라게 하고 싶었습니다. 내 사촌들은 어린 시절을 쭉 나와 함께 자랐으며, 나는 그들에게 약간의 라이벌 의식이 있었습니다. 사실 나는 내가 중요하게 생각하던 모든 분야에서 뛰어났습니다. 나는 달리기를 아주 잘했고, 최고의 축구선수이기도 했으며, 학교에서는 최우등생중 하나였습니다. 하지만, 그럼에도 불구하고 나는 무엇인가 중요한 것을 내 힘만으로 할 수 있다는 것을 남들에게 입증해 보이고 싶었습니다. 전쟁터에 나가기 위해 군에 자원입대하는 것은 우리 집안처럼 가족적이고, 자부심이 넘치고, 또 서로를 돌보는 대가족에서는 아주 대단하고 특별한 일이었습니다.

삶은 어디서나 경이롭다

우리 소대는 전선이 남쪽으로 내려가고 다시 동쪽으로 이동한 후에도 한 주 넘게 그랑므닐에 주둔해 있었습니다. 독일군은 제압되었으나 저격수와 소수의 병사들이 여기저기서 결사적으로 저항하고 있었습니다. 우리는 작은 농촌주택에 주둔하고 있었습니다. 눈은 매일 밤 오다시피 했고, 낮에는 춥고 습기가 심해 을씨년스러웠습니다.

어느 늦은 오후 제7기갑사단 소속의 탱크 두 대가 우리가 주둔한 집 옆에 멈추어 섰습니다. 탱크의 강력한 모터소리가 조용히 잦아들었습니다. 우리는 나중에 이 탱크들이 약 30킬로미터 떨어진 바스토뉴 포위전 _Siege of Bastogne_ * 을 돕기 위해 파견된 기동타격대의 일부라는 것을 알게 되었습니다. 그들이

---

* 1944년 12월부터 다음해 1월까지 벨기에 바스토뉴에 포위된 미군이 독일군을 뚫기 위해 벌인 공방전.

116

가지고 있던 라디오는 줄곧 미군 방송에 주파수를 맞추고 있었고, 우리는 베니 굿맨의 빅밴드 재즈음악과 러시아 군대가 독일 국경을 향해 서진하고 있다는 뉴스를 들었습니다.

　그날 아침이 지나면서 우리들 머리 위는 '하늘을 나는 요새' 대형으로 날아가는 비행기들로 뒤덮였습니다. 비행기들은 온 하늘을 뒤덮은 채 동쪽으로 날아갔습니다. 얼마 지나지 않아서 우리는 이 비행기들이 폭탄을 투하하는 것을 목격할 수 있었습니다. 나는 그때 얼마나 기뻐하며 비행기 편대의 폭격을 응원했는지 생생히 기억합니다. 우리들은 그때 상황이 확 뒤바뀌는 것을 느낄 수 있었습니다. 전쟁의 흐름이 우리 편으로 기울고 있었지요. 그러나 이 기막힌 장관을 보면서 느낀 희열은 금세 그곳 독일 사람들이 그 순간에 느꼈을 공포감에 대한 퀘이커적 양심에서 오는 아픔으로 뒤덮였습니다. 실제로 나는 전투의 시작에서부터 전쟁이 끝날 때까지 내 양심과 갈등한 적이 없었습니다. 전쟁의 끔찍함이 생각을 단순하게 하고 나의 어떤 반응도 자연스런 것으로 만들었지요. 나는 오직 하느님만이 사람들의 동기를 심판할 수 있다고 배웠습니다. 우리는 우리가 해야 할 바를 했고, 일어나는 일들을 본능적으로 생각했습니다.

　어느 날 아침 우리들 중 몇몇이 마을에 있는 폭격 맞은 교회에 가서 들여다보기로 했습니다. 왜 쓸데없이 그곳을 가보려 했을까요? 우리가 잔해들 위로, 잔해들을 돌아서, 잔해들 사이로 가보니 놀랍게도 오르간이 부서지지 않은 채 남아있는 것을 볼 수 있었습니다. 한 친구가 자기가 한번 연주해 보겠다고 하였습니다. 잔해들을 한쪽으로 밀어치우고 그가 오르간의 페달을 밟아가며 몇 개의 건반을 누르기 시작했습니다. 음악이 오르간을 통해 흘러나오기 시작했는데 바흐의 오르간곡인 듯했습니다. 그러자 우리 주위의 모든 것들이 다 부서져버려 폐허만 남았다는 것도, 불과 이틀 전 죽음이 이곳을 휩쓸고 갔다는 것도, 그 어떤 것도 더 이상 문제가 되지 않았습니다. 여기에 우리가, 서로 다른 종교를 가진 누더기가 된 한 무리의 사람들이, 신의 은총이 바로 여기 우리와 함께 한다는 경이감에 사로잡혀 서 있었습니다. 그 음악은 전장에서 간절히 원하던 뜨거운 목욕이나 더운 음식보다도, 불침번을 서지 않아도 되는 날 저녁의 편안함보다도 더 우리를 위로하고 보호하는 영원의 소리였습니다.

전쟁이 가르쳐준 것

내가 1946년 우리 집에서 약 30킬로미터 떨어진 뉴저지의 포트딕슨 기지에서 제대하게 되었을 때, 나는 아직 평화를 누릴 준비가 되어 있지 않았습니다. 나는 그해 여름 뒤떨어진 공부를 따라잡으려는 일군의 예비역들과 함께 하버드 대학으로 복학했지요. 그러나 얼마 지나지 않아 나는 대학생활에서 경험하는 여러 가지 일들을 따라잡을 능력도, 그러려는 의지도, 전쟁터에 나가 있는 동안 다 잃어버렸다는 것을 명백히 알게 되었습니다. 나는 3년 동안 전쟁터에서 있었던 기억들을 떨쳐버릴 수 없었고, 또 그러고 싶지도 않았습니다. 남들은 도대체 어떻게 그리 할 수 있었는지 나는 참 궁금했습니다.

내게 무슨 문제가 있는 것일까? 하버드 대학이 문제였던가? 전쟁이 문제였던가? 전쟁에 참전했던 우리들은 재치와 담력과 힘을 가질 수 있기를 간구했습니다. 그리고 가장 크게는 행운을 갖기를 원했습니다. 평화는 아무런 것도 요구하지 않습니다. 우리 삶에 있어서 무엇인가 의미를 만들어내야 하는 것이 갑작스레 다시 우리 스스로가 해야 하는 일이 되고 말았습니다.

복학한 지 7개월이 지나지 않아 나는 하버드를 중퇴하고 자원봉사자로 유럽에 있는 퀘이커 근로캠프로 갔습니다. 대량살상의 전쟁에 참여한 바 있는 나는 그 폐허의 땅을 재건하는 데 당연히 기여해야 한다는 필요성을 느꼈습니다. 그런 다음에는 어머니가 늘 내가 가기를 바랐던 퀘이커 대학, 그리고 아버지의 모교이기도 한 해버퍼드 대학으로 옮길 생각이었습니다.

어렸을 때부터 내 안에 자리 잡고 있었던 퀘이커의 이상을 다시 흔들어 깨운 것은 다름 아닌 전쟁의 경험이었습니다. 직접적으로 폭력과 죽음을 목도한 경험이 '어둠의 바다'라는 구절을 생생한 실체로 내게 다가올 수 있게 만들어 주었습니다. 이 생생한 체험은 나를 그 후 수십 년 간 짓눌러 왔습니다. 그러나 나는 전쟁의 상처를 치료하는 것이 퀘이커 근로캠프의 일원으로 폭격에 부서진 마을들을 재건하는 것보다 훨씬 더 복잡하다는 것을 배우게 되었습니다. 그 과정을 통해 내가 분명히 안 것은 담쟁이넝쿨이 덮인 벽으로 둘러싸인 아름다운 하버드 대학보다 폐허가 된 유럽에서 더 평온함을 느낄 수 있었다는 것이었습니다.

전투에 참여했던 까닭에 나는 기대하지 않았던 교훈을 좀 배우게 되었습니다. 내가 얼마나 홀로인 존재인지, 또 거의 모든 것들에 대해 내가 얼마나 무지한지, 남을 판단하고 우리들의 잣대로 그들의 등급을 매기고 하는 것들이 얼마나 잘못된 것인지 하는 것들 말입니다. 나는 또한 옳고 그름이 절대적이 아니라는, 그리고 어떤 결정을 내리든지 우리 모두는 양심에 터하여 결정을 내려야 한다는 것들을 배웠습니다. 어렸을 때 나는 내가 속해 있는 공동체 즉 가족, 교회 등에서 내가 가진 문제에 대한 답을 구했습니다. 어려서부터 내가 가진 종교가 무슨 문제에 대해서도 쉽게 답을 준다고 굳게 믿었던 18살짜리 퀘이커교도였던 나는 이제 나 스스로 판단하고 답을 구해야 한다는 사실을 깨닫게 되었습니다.

징집연령에 속한 반수 이상의 퀘이커 청년들이 도덕적 책무를 느끼며 2차 대전에 참전했습니다. 이 비율은 그전까지 퀘이커교도가 참전한 다른 어떤 전쟁보다도 높습니다. 하지만 나는 양심적 병역거부를 택한 퀘이커교도들도 옳은 일을 했다고 진실로 믿습니다. 그들은 평화를 일구는 역할을 했을 뿐 아니라, 인간사에서 비폭력이 존재할 곳이 있어야 한다는 고귀한 이상을 지켜 살아남게 했습니다. '옳은 일을 하는 것'의 의미는 우리의 양심이 우리를 이끌게 하고, 우리 속에 계시는 하느님의 작은 목소리를 듣는 것, 그리고 진리의 길을 좇아가도록 최선을 다하는 것으로 정의될 수 있을 것입니다.

양심의 두려움

인생이 우리에게 제공하는 가장 귀한 선물은 '선택'입니다.

누구도 그 선택을 우리에게서 앗아갈 수 없습니다. 하느님을 제외한 그 누구도 우리가 결정한 그 선택에 대해 판단할 수 없습니다. 셰익스피어는 다른 맥락에서 "양심은 우리 모두를 겁쟁이로 만든다"고 했습니다. 내 생각에 그가 말하고자 했던 것은, 우리가 양심의 소리를 듣고 그 양심의 소리에 따라 행동하는 것은 무섭고도 외로운 일이라는 것입니다. 우리는 진실을 두려워하는 것과 같은 이유로 우리의 양심을 두려워합니다. 우리는 양심을 따르면 우스꽝스러워질 수 있고, 또 우리의 보호막이 벗겨져 버릴 수 있다는 것을 압니다. 나는 우리의 삶이 우리의 양심을 통해 말하게 하는 것은 진실을 말하는 것과 마찬가지로 우리를 자유롭게 한다고 주장하고 싶습니다. 그것은 우리로 하여금 다른 사람들의 판단으로부터 자유롭게 해줍니다. 왜냐하면 우리는 우리 속에 거하시는 하느님에게만 답할 수 있게 되기 때문입니다.

우리 모두는 옳고 그름을 압니다. 이러한 분별이 우리의 인간됨humanity을 규정해줍니다. 내가 알고 있는 대로 행동하는 것은 우리가 이 삶에서 어떤 일을 중요하게 여기는지에 대한 믿음을 재확인시켜 줍니다. 우리가 빛의 바다를 만들기 위해 다른 사람들과 함께 연대한다면 우리는 어둠의 세력을 몰아낼 수 있습니다. 젊은이들이 대체로 가장 이상주의적이고 가장 양심적이라는 사실은 제게 있어서 놀라운 일이 못 됩니다. 거기에는 나이든 사람들보다 그들이 더 잃을 것이 없다고 느끼는 것도 한 가지 이유가 될 겁니다. 그러나 더 중요하게는 젊은이들이 냉소주의의 영향을 별로 받지 않기 때문입니다. "당신이 뭘 하든 별로 중요하지 않아. 당신의 행동, 당신이 하는 투표, 당신의 말로는 악을 향한 세상의 흐름을 바꿀 수 없어. 그러니 당신이 가진 것이나 잘 지키고 섣불리 목 내놓고 나서지 않는 것이 좋아"라는 잘못된 내적인 목소리들에 영향을 받지 않기 때문입니다.

　2차 세계대전 이후 50년이 훌쩍 지난 지금, 대다수 사람들은 연합군의 승리를 당연한 것으로 여기고는 합니다. 그러나 1940년대에 어둠의 바다가 세상을 다 뒤덮을 정도로 얼마나 가까이 왔었는지 기억하는 것은 중요합니다. 그리고 또한 민주주의 국가들과 개인들이 악마 같은 파시즘에 맞서기 위해 서로 연대했던 일이 얼마나 중요했는가를 기억하는 것도 중요합니다. 아이러니하게도 전쟁은 핵무기라는 상상 이상의 살상력을 가진 새로운 어둠의 바다의 무서운 유령들과 함께 끝났습니다. 역사는 우리에게 어둠과 죽음이 각 세대마다 다른 형태로 나타난다고 가르칩니다. 하지만 그들과 싸우기 위해 빛과 사랑의 세력들을 결집시키는 과제는 세대를 뛰어넘어 우리에게 똑같이 남아있습니다.

감사하게도 이 시대에는 적은 수의 젊은이들만이 나라를 위해 총을 들어도 될 것 같습니다. 하지만 우리 각자는 크고 작은 양심의 테스트에 직면하고 있습니다. 많은 사람들은 자신의 삶으로 이야기함으로써 양심에 목소리를 틔워주기까지는 스스로에게 양심이 있다는 것을 알지 못합니다. 하지만 당신이 일단 한번 당신의 양심을 찾는다면, 양심의 소리에 한번 귀 기울인다면, 당신은 진정한 자기 자신과 당신의 진정한 길을 찾게 될 것입니다.

6

비폭력

NONVIOLENCE

어렸을 적에 나는 퀘이커교도로 사는 것이 얼마나 힘든지를 맛본 적이 있습니다. 우리 외할아버지는 소를 여러 마리 키웠는데, 그 소들은 우리 가족에게 필요한 것보다 훨씬 많은 양의 우유를 만들어주었습니다. 대공황을 겪던 그 시절 할아버지는 남는 우유를 동네의 가난한 가정들에 나누어주셨습니다. 그 가정의 십대 남자아이들이 매일 오후 우유를 가지러 오곤 했지요. 나는 그들보다 나이도 어렸고 또 덩치도 작았습니다. 그 아이들은 내가 얻어맞아도 앙갚음해서는 안 된다고 집에서 배우는 것을 알았기 때문에 나를 심하게 골리며 재미있어 했습니다.

비폭력이 그들의 공격에 맞서는 유일한 대처방안임을 내가 받아들이기는 했어도, 어린 나에게 비폭력은 아주 비현실적인 전략으로 생각되었습니다. 어린 시절 내가 보았던 영화 속의 영웅들은 주먹이나 총을 잘 쓰는 사람들이었습니다. 하지만 나는 폭력을 거부하는 것이 남자다운 것이라 늘 배웠습니다. 거친 그 아이들이 위협하며 나를 좇아오는 것을 피해 달아나면서 비폭력이라는 퀘이커의 가르침을 받아들이기가 어려웠습니다. 그저 마음속에서 수치스러움과 치밀어 오르는 분노만 느꼈지요.

비폭력은 항상 퀘이커의 이상들 가운데 가장 역설적이고 말도 안 되는, 지나치게 낙관적인 신조로 여겨지곤 합니다. 성경에서 카인이 고의적 살인을 통해 동생 아벨과의 갈등을 해결한 이래로, 폭력 내지 지배와 복수에 대한 갈망은 인간관계에서 불가피한 것으로 간주되어 왔습니다. 고대 그리스인들은 전쟁을 자연스러운 것으로 보았습니다. 그래서 헤라클레이토스는 모든 것들이 싸움을 통해 존재하며, 또 스러져간다고 했습니다. 그리고 역사를 통해 국가들이나 부족들 또는 개인들은 지배력을 행사하거나 지배력의 차이를 없애기 위해 기꺼이 무기를 들었습니다. 시인들과 음악가들도 전쟁의 영화를 노래하고 영웅을 칭송했지요.

이러한 역사적 사실들 앞에서 평화, 용서, 비폭력과 같은 이상은 기껏해야 비현실적이고 낭만적인 생각에 불과할지도 모릅니다. 그러나 퀘이커들은 그들의 믿음과 실천의 영적 중심으로 '평화의 증언'을 늘 이야기해왔습니다. 3백 년도 넘게 퀘이커들은 그들의 행위를 통하여 자신들의 삶이 분명하게, 쉼 없이, 그리고 효과적으로 평화를 선언하도록 만들어왔습니다.

비폭력의 기원

'우리는 세상에 평화를 전해야 하며, 폭력은 비폭력으로, 미움은 사랑으로 대해야 한다'는 이 거대한 생각을 퀘이커들은 어디로부터 얻게 되었을까요? 많은 이들이 예수님의 말씀을 떠올립니다. 예수님은 가장 혁신적이고 열정적인 가르침인 산상수훈을 통해 그의 제자들에게 칼 대신 사랑을 주라고 가르쳤습니다. 누가 당신의 왼뺨을 치거든 오른뺨을 대주라고 하는 예수님의 혁신적인 비폭력의 가르침은 이후 평화주의자들에게 무한한 영감을 불어넣었습니다. 조지 폭스는 퀘이커들에게 예수님의 말씀을 약간 바꾸어 "모든 전쟁에서 멀어지라"고 말하였습니다. 그 이유로 그는 모든 개인이 하느님이 주신 '성스러운 불꽃'을 가지고 있기 때문에, 남에게 폭력을 행사하는 것은 하느님께 폭력을 행사하는 것이라고 설명했습니다.

그러나 모든 사람들 속에서 하느님을 발견하는 것은 시작에 불과합니다. 퀘이커에 있어서 비폭력이란 '살인하지 말라'고 금하는 것처럼 수동적으로 무엇을 금하는 개념이 아닙니다. 비폭력은 행위를 위한 도약대이고, 비폭력은 적극적으로 평화와 정의로 변화되어야 하는 이상입니다. 가장 넓은 의미에 있어 퀘이커들에게 주어진 도전과제는 이 세상에서 평화를 만드는 이가 되는 것입니다. 이렇게 비폭력에 대한 적극적이고 능동적인 관점은 퀘이커가 이 사회에 기여한 가장 큰 공헌들 중 하나라고 나는 믿습니다.

17세기에 살았던 최초의 퀘이커교도들은 자신들의 평화주의 때문에 고통을 받았습니다. 그들은 왕의 군대에 복무하기를 거부했죠. 그래서 늘 수백 명이 감옥에 갇혀 있곤 했습니다. 미국 독립전쟁 때 대부분의 퀘이커들은 총을 들고 전쟁에 참전하기를 거부했습니다. 물론 약 5백 명 정도는 퀘이커 모임을 떠나 조지 워싱턴이 이끄는 군대에 참가한 것도 사실입니다. 링컨 대통령은 남북전쟁이 최고조에 달했을 때 유명한 퀘이커교도인 엘리자 거니Eliza Gurney에게 이런 편지를 보내기도 했습니다. "당신들 퀘이커들은 아주 뛰어난 시도를 해왔고 지금도 그 시도를 하고 있습니다. 그러나 전쟁과 압제에 반대하는 원칙과 믿음에서 보면, 아마도 당신들은 전쟁을 통해서만 압제에 반대할 수 있을 겁니다. 이런 딜레마 속에서 일부는 전쟁을 택하는 쪽에 서거나, 또 다른 일부는 전쟁에 참가하지 않는 쪽에 서는군요."

1947년 개인이 아닌 조직이 받은 노벨평화상으로는 최초인 미국 친우봉사위원회the American Friends Service Committee, AFSC는 1차 세계대전 이후 국제원조 프로그램을 통해 평화를 실현해왔습니다. 미국에서 가장 오래된 종교 로비그룹인 국가법률제정 친우위원회the Friends Committee on National Legislation, FCNL도 국제연맹과 국제연합을 연이어 도우면서 평화와 군비축소, 미군 감축, 방위비 축소, 해외에 있는 미군기지 철수 등 여러 문제들에 다방면으로 영향을 미쳐왔습니다. 미국의 일부 퀘이커들은 미군의 특정 작전에 반대하도록 일반 대중의 저항을 호소하는 시민불복종운동을 펼치기도 했습니다. 다른 퀘이커들은 자기가 내는 세금 중 군사 목적으로 쓰일 부분만큼의 '전쟁세'를 내지 않기도 했습니다. 그리고 젊은 퀘이커들은 내가 그랬듯이 징집이 되었을 때 응해야 할지 말아야 할지의 선택을 놓고 그들의 양심과 씨름해왔습니다.

물론 퀘이커들 중에는 전쟁에 반대하기 위해 더 극단적인 방법을 취한 사람들도 있습니다. 민주주의국가였던 코스타리카가 1948년 자국 군대를 해산하자, 퀘이커교의 가장 중요한 관심사인 비폭력의 문제를 공식적으로 실천한 이 나라를 도울 기회로 인식하고 일부 퀘이커들이 이민하여 코스타리카 국적을 얻기도 했습니다. 코스타리카 북쪽에 외떨어진 몬테베르데 클라우드 포레스트를 방문하는 관광객들은 소달구지가 퀘이커 치즈 공장으로 우유를 싣고 가는 것을 보고 놀라곤 합니다. 관광객들은 이민 온 지 3대째 되는 퀘이커 후손들을 거기서 만날 수 있습니다.

나는 1965년 일어난 한 사건을 기억합니다. 그해 11월 2일 노먼 모리슨이라는 퀘이커교도가 당시 국방장관이던 로버트 맥나마라의 집무실이 보이는 미 국방부 건물 앞에서 베트남전에 반대하는 분신을 한 것입니다. 이 사건은 아주 폭력적으로 자기 자신을 파괴하는 행위였기에 퀘이커들로부터 커다란 찬사에서부터 엄청난 반감까지 각기 다른 반응을 유발했고, 언론의 상당한 주목을 받은 바 있습니다. 불교에서도 베트남전 당시의 불의에 저항하기 위해 스스로를 불살라 번제로 드리는 경우가 있었지만, 퀘이커교에서는 결코 자살이나 그 어떤 형태의 폭력도 지지한 바 없습니다.

이상과 필요 사이의 긴장은 앞으로도 늘 우리와 함께할 것입니다. 2차 세계대전 동안 다른 퀘이커들과 마찬가지로 나는 퀘이커가 가르치는 평화주의자로서의 길을 충실히 따르기가 불가능하다는 것을 깨달았습니다. 내가 평화주의자로 남아있기로 할 때 잔혹한 압제 아래 있는 그 사람들은 실제로 엄청난 고통을 겪을 게 분명했기 때문이지요. 하지만 내가 비록 2차 대전에 참전하여 싸웠다고는 하나, 나는 그 이후로 이 나라가 개입한 본질적으로 정치적이고 전술적인 전쟁들의 와중에서도 퀘이커의 평화주의적 입장에 전적으로 동의하고 그에 부합하는 행동들을 해왔습니다.

물론 모두의 평화를 위한 소망은 비단 퀘이커들만이 가지고 있는 것은 아닙니다. 사실상 그것은 세계 모든 종교의 정신 속에 반영되어 있습니다. 20세기 중 가장 경외감을 불러일으킨 비폭력을 위한 순교는 힌두교와 기독교 침례교에서 나왔습니다. 마하트마 간디와 마틴 루터 킹 목사가 바로 그들입니다. 이 두 사람이 다양한 종교를 믿는 많은 사람들로부터 사랑과 칭송을 받고, 또한 많은 사람들이 이들의 이야기에 귀를 기울였다는 것은 어떤 종류의 폭력도 종식시키겠다는 이 시대 많은 사람들의 신실한 소망을 보여주는 사례입니다. 평화에 대해 훌륭하게 이야기하는 것보다 더 중요하게, 이 두 사람은 그들보다 더 크고 힘센 적대자들이 강제하는 불의에 맞서 비폭력도 끝내 승리하는 전략이 될 수 있다는 것을 실증해 보임으로써 영적인 지도자로 추앙받았습니다.

간디는 '사티야그라하'Satyagraha라는 진실과 비폭력에 근거한 시민불복종을 통해 인도를 탄압했던 영국에 저항했습니다. 그의 말과 행동은 인도대륙에 거대한 평화적 저항을 불러일으켰고, 그 결과로 1948년 인도의 독립이 가능했습니다. 간디의 뒤를 이어 마틴 루터 킹 목사는 미국에 만연해 있던 흑백분리주의를 타파하기 위해 버스 타지 않기, 식당에서의 연좌농성 등의 방법을 동원했습니다. 간디와 킹 목사는 아주 신실한 분들이었고, 비폭력이 단순히 지적인 이념이 아니라는 점을 분명히 깨달은 분들이었습니다. 비폭력은 그들에게 있어 매일 지키고 살아야 할 영혼에 대한 약속이었던 겁니다. 간디는 이렇게 적고 있습니다. "비폭력이란 의지에 따라 옷처럼 입고 벗는 것이 아닙니다. 비폭력이란 가슴속에 자리하며 우리 자신과 분리할 수 없는 것입니다."

비폭력의 바탕은 '사랑'

간디와 마찬가지로 퀘이커들에게도 비폭력은 실제로 자기 자신과 분리할 수 없는 일부분입니다. 평화를 이루는 것은 사랑의 행위이기 때문이지요. 조지 폭스가 그의 추종자들에게 "모든 전쟁에서 멀어지라"고 권면한 지 얼마 되지 않아, 윌리엄 펜은 퀘이커들의 평화를 위한 노력을 이끌어온 철학을 다음과 같이 요약했습니다. "좋은 결과가 악한 수단을 정당화할 수 없으며, 또 좋은 결과를 기대하면서 악을 행해서도 안 됩니다. (…) 그러니 우리는 사랑으로 무엇을 할 수 있을지 시도해봅시다."

'사랑으로 무엇을 할 수 있을지 시도해보는 것'은 먼저 내면을 들여다보는 것으로부터 시작됩니다. 성스러운 빛에 이끌림으로써 우리는 우리 가운데 있는 최고의 것을 발견할 수 있습니다. 그것은 진리와 사랑입니다. 그런 다음에는 외부로 눈을 돌려 우리의 사랑이 세상에서 작동할 수 있도록 힘을 더할 방법을 찾아야 합니다. 퀘이커들은 사회적 불의가 모든 폭력의 근원이라 보고 불의를 바로잡고자 하는 열망이 '사랑으로 무엇을 할 수 있을지 시도해보는' 출발점이라고 생각해왔습니다. 퀘이커들이 신대륙에 처음 왔을 때 발견한 것 중 하나는 먼저 온 이주자들이 원주민을 수탈하는 광경이었습니다. 그래서 퀘이커들은 인디언들을 좀 더 공평하게 대하고자 노력했습니다. 인디언 소유의 땅을 공평한 값을 치르고 매입하였으며, 인디언 어린이들을 위한 학교도 열었습니다. 그 결과 다른 백인들이 적대적이고 무섭게만 느끼던 인디언 영토에서 많은 퀘이커들은 무탈하게 생활했습니다. 대다수 퀘이커들은 노예제도에 대해 강력하게 반대하였고, 흑인 노예들을 몰래 북부로 보내는 등의 노예폐지론자들이었습니다. 어디에서고 퀘이커들은 압제받거나 구속받는 사람들, 즉 가난하고 투옥당하고 정신질환을 앓는 사람들을 만날 때마다 사랑이 작동하도록 애써왔습니다.

이 사랑은 심지어 나를 해하려던 적에게까지 베풀어졌습니다. 미국 친우봉사위원회는 그들이 펼치는 구호활동을 동맹국이건 적국이건 상관없이 누구에게나 실행해왔습니다. 1차 세계대전에서는 수천 명의 독일 민간인들을 굶주림에서 구하기도 했습니다. 이러한 구호활동 덕분에 퀘이커들은 2차 대전 중인 1938년에도 독일을 오갈 수 있는 허락을 받았고, 그 결과 강제수용소에서 죽음을 맞았을 수도 있는 수많은 유대인들의 탈출로를 마련할 수 있었습니다.

국제 평화를 위해서나 국내의 폭력을 종식시키기 위해 "사랑으로 무엇을 할 수 있을지 시도해보자"는 것은, 초기 퀘이커들과 달리 오늘날의 우리에게는 훨씬 아련하게만 느껴지는 목표일 수도 있습니다. 세계정세에 따라 극적으로 가중되곤 하는 현대적 삶의 긴장감과 복잡성은 평화를 실현하는 일을 너무나 어렵게 만들고 있으며, 많은 이들에게는 정치적 수사에 불과한 가망 없는 목표로 보이게 합니다.

하지만 인간 본성이 완전해질 가능성을 믿는 퀘이커주의는 두말 할 것 없이 낙관적입니다. 많은 사람들에게 있어 냉소주의는 비폭력이 갖는 힘에 대한 믿음을 약화시키는 원인입니다. 따라서 비폭력으로 폭력적인 세상을 치유할 수 있고, 한쪽 뺨을 맞았을 때 맞부딪쳐 싸우기보다는 다른 뺨마저 돌려댐으로써 싸움을 끝낼 수 있다는 것을 믿으려면 한층 높은 신앙이 필요합니다. 원수를 사랑함으로써 궁극적으로 그 원수를 우리 편으로 바꿀 수 있다는 그런 믿음, 비록 비폭력으로 평화를 이루지는 못하더라도 증오를 치료할 수는 있다고 믿는 그런 신앙이 우리에게는 필요합니다.

1936년 유럽이 2차 세계대전이라는 또 다른 끔찍한 사건들을 잉태하고 있을 때, 미국의 시인이자 언론인인 칼 샌드버그 Carl Sandberg, 1878~1967는 "언젠가는 전쟁이 일어날 것이고, 그때 아무도 참여하지 않을 것이다"라고 말함으로써 평화에 대한 꿈을 피력했습니다. 우리가 그런 바람을 함께 공유한다면 평화를 이루어갈 방법을 반드시 찾을 수 있습니다.

그러나 도대체 어디서부터 시작할까요?

우리들 대부분은 나라를 위해 전쟁터로 나가거나 해외에 평화의 사절로 나갈 가능성이 별로 없기 때문에 폭력을 대면한 확률이 가장 높은 곳은 우리들의 실제 삶에서입니다. 우리들 대다수는 싸움꾼이 아니고, 아내에게 폭력을 휘두르는 남편도, 살인범도 아닙니다. 우리는 잔인한 본성에 무자비하게 휘둘리는 사람들이 아니고, 오히려 그런 사람들 때문에 깜짝 놀라는 사람들입니다. 그러나 우리 각자는 적개심이 넘치는 생각과 행위를 할 개연성이 있는 사람들입니다. 우리는 눈빛 하나로 사람을 죽이는 것이 무엇인지 알고 있으며, 다른 사람에게 의도적으로 상처 주는 일이 어떤 것인지도 압니다. 우리는 남들에게 감정적, 경제적 힘을 휘두르고 서로에 대한 신뢰를 배반하고는 합니다.

우리가 자기 집 안방에 앉아 세상을 뜯어고치려 하든, 지구의 반대편까지 날아가 그렇게 하든 상관없이, 세상을 고치는 데 필요한 우리의 유일한 도구는 사랑입니다. 칼 샌드버그가 '아무도 참여하지 않는 전쟁'을 희구한 지 1년 후인 1937년 세계 각지의 퀘이커들이 런던에 모여 성명을 발표했습니다. 성명서에서 그들은 이렇게 말했습니다. "우리 앞에 놓인 모든 일들에 대한 책임은, 그것이 가정사이건, 사회 질서이건, 평화를 이루는 일이건, 참된 삶의 길이건 상관없이 개인적인 것입니다. 그렇기에 우리 모두는 진실의 길을 걸어가는 법을, 그래서 설득력 있고, 스스로 베풀며, 이웃을 사랑하는 삶으로 이끌어주는 그 길을 걸어가야 하는 법을 배워야 합니다."

비폭력—이것은 늘 사랑으로부터 넘쳐흘러 나오는 것입니다—은 보다 따스한 사회, 보다 인간적인 공동체, 또 덜 적대적인 세계와 같은 이로운 결과물을 가져오기 때문에 논쟁의 여지도 없는 아주 실질적인 이상입니다. 퀘이커들은 말하기를, 비폭력을 추구하는 데는 '마음의 평안'이라는 또 다른 개인적 이득이 있다고 합니다. 미움은 영혼에 독이 됩니다. 사랑과 용서는 영혼을 살찌웁니다. 우리가 세상을 잠식하는 어둠의 바다를 극복하기를 원한다면, 먼저 가슴속에 있는 촛불을 밝혀야 합니다. 그리고 예수님께서 산에서 발견하고, 그 후 다른 모든 종교를 믿는 사람들이 발견했듯이, 사랑을 실천하는 것이 세상을 바꾸는 가장 혁명적인 방법이 될 수 있습니다.

비폭력을 어떻게 가르칠 것인가?

부모들에게 세상을 바꾼다는 말은 더 인간다운 젊은 세대를 길러낸다는 말로 자주 해석되곤 합니다. 그러나 우리 아이들에게 폭력을 거부하도록 가르치는 것은 참으로 크고도 어려운 일입니다. 아주 어릴 때부터 텔레비전이나 인터넷을 통해 걸러지지도 않은 어이없는 폭력에 노출되는 소년소녀들에게, 우리는 어떻게 부드러움과 사랑을 가르칠 수 있을까요?

텔레비전이 비추는 잔혹한 장면, 총격, 칼질, 폭파 등의 화면을 보면서 아이들은 무엇을 할까요? 우리는 프로그램의 등급을 매기는 데 관여하고, 아이들이 유해프로그램을 보지 못하도록 감독할 수는 있습니다. 하지만 우리는 이런 것도 아이들이 아주 어렸을 때만 가능하다는 것을 잘 알고 있습니다.

많은 부모들은 남자아이들 대부분이 어린 나이 때부터 총, 칼 같은 무기들을 좋아한다는 것을 알고 마음이 상하곤 합니다. 남자애들은 놀다가 막대기를 들고 총 쏘는 흉내를 내곤 하지요. 유감스럽게도 왜 아이들이 총과 피에 그렇게 빨려드는지는 정신과 의사들에게 설명을 부탁해야 할 것 같습니다만, 장난감 업체들은 아이들의 성향에 발 빠르게 대응합니다. 옛날에 아이들이 가지고 놀던 물총, 플라스틱 칼 같은 단순한 장난감들은 없어지고 마치 군용품 같이 정교한 장난감들에 자리를 내주고 말았습니다. 업체들은 이런 장난감들을 만들어 어린이 프로그램에서 열심히 광고합니다. 천성적이건 그렇게 양육되었건 상관없이 아이들은 그런 폭력적인 장난감을 좋아합니다. 부모 된 우리들은 이런 사실을 생래적으로 그렇다고 치부하거나 부정할 게 아니라 사실 그대로 받아들여야 합니다. 우리는 총기류가 가져올 인과관계를 아이들에게 가르쳐야 합니다. '무기는 비록 그 주인의 손에 들려있을지라도 적이다'라는 터키의 속담이 옳다는 것을 말해주면서 말입니다.

일전에 여섯 살 먹은 제 손자 벤과 함께 '토이저러스'라는 장난감 가게를 가보고는 저처럼 현실감각이 떨어진 할아버지는 놀라지 않을 수 없었습니다. 우리는 그날 체커게임 세트를 사러갔었지요. 나는 어렸을 때 우리 아버지와 체커게임을 하고 체스를 두었던 시간을 회상하며, 아버지와 함께했던 그 게임을 손자 벤에게도 알려주고 싶었습니다. 나는 어쨌든 그 큰 건물에서 체커가 있는 코너로 안내를 받았고, 아직도 체커가 장난감가게에서 팔리고 있다는 것에 안도하였습니다. 그러나 그 코너로 가는 통로 양쪽에는 수백 개의 총을 들고 있는 영화와 만화 주인공 인형들이 진열되어 있었습니다. 벤의 눈에는 그 장난감들이 체커 세트보다 훨씬 더 흥미롭게 보였다는 것은 따로 설명드릴 필요가 없을 겁니다.

얼마 후 내 아들과 며느리는 벤과 함께 뉴욕 주에 있는 어느 해양박물관을 방문했습니다. 그때 아들 부부는 벤이 다른 전시물은 제쳐두고 대포들과 모형 군함에 넋이 나간 것을 보고는 깜짝 놀랐다고 합니다. 박물관에 다녀온 지 얼마 되지 않아 벤은 어린이용 그림 성경책을 받았고, 십자가가 서있는 그림에 사로잡히게 되었습니다. 뜻밖의 반응에 놀란 부모에게 벤은 "나 이 책 너무 좋아요. 피가 철철 흐르는 게 사방에 널려 있잖아요" 하고 들떠서 이야기했답니다.

어린이들이 폭력에 매혹되는 것에 어떻게 대처해야 할까요? 저는 가족 간의 친밀함이 우리가 의지할 수 있는 유일한 처방이라고 생각합니다. 요즘 학교와 회사에서 많이 가르치고 있는 비폭력적 갈등 해소법도 한 방법입니다. 지금 4학년이 된 다른 손자 크리스토퍼도 그것을 공부하고 있습니다. 학교에서 쉬는 시간에 아이와 친구들은 '문제해결사'라고 쓰인 모자를 씁니다. 둘 이상의 아이들이 서로 말다툼하거나 누군가 위험한 짓을 하면 이 '문제해결사'들이 나타나지요. 크리스토퍼는 이렇게 이야기하더군요. "우리는 가서 혹시 걔네들한테 중재자가 필요한지 알아봐요. 그리고 아이들이 자기들끼리 문제를 해결하게 하거나 해결책을 함께 궁리하지요. 우리는 문제의 겉만 보지 않고 깊은 이유까지도 찾으려고 해요." 크리스토퍼는 평화주의자로서의 자기 정체성에 대단한 긍지를 느끼고 있었습니다.

비폭력의 방법을 가르치는 분에 따르면, 아주 어린아이들도 남의 이야기를 경청하고 남을 쉽사리 판단하지 않아야 한다는 생각을 잘 따른다고 합니다. 어린아이들에게도 옳은 일을 해야 한다는 마음속 깊이 자리 잡은 욕구가 있다는 것이지요. 고등학교에서 실행한 학생들 간의 중재 프로그램도 아주 성공적이었다고 합니다. 직장과 학교에서도 편견을 없애고 다양성을 존중하는 집담회에 많은 사람들이 참석하곤 합니다.

그러나 말로만 평화를 이야기하는 것, 심지어 평화를 학교에서 가르치기만 하는 것으로는 충분치 않습니다. 우리가 진짜로 어린 마음들을 비폭력의 이상으로 가득하게 변화시키기 위해서는 집에서부터 본보기를 보임으로써 가르쳐야 합니다. 아이들은 부모가 서로를 어떻게 대하는지, 다른 사람들을 어떻게 대하는지를 주의 깊게 관찰합니다. 그리고 아이들은 어른들의 세계에서 자신들이 얼마나 힘없는 존재인지를 아주 잘 알고 있습니다. 아이들은 우리 어른들로부터 사랑과 격려, 그리고 공정함의 본보기를 보려 합니다. 모든 식구들이 존중받고 사랑받는다고 느끼는 친밀하고도 사랑이 넘치는 가정을 만들어내는 것은 폭력이 난무하는 사회와, 폭력에 미친 듯 열광하는 미디어에 대한 단 하나의 진정한 대처방안입니다. 친밀하고도 사랑이 넘치는 가정 속에서만 부모는 사랑과 용서에 터한 가치들을 가르칠 수 있습니다.

나는 어린이들이 가족들과 보내는 것보다 더 많은 시간을 보내는 학교가 얼마나 어린이들이 도덕성을 계발하는 데 영향을 미치는지를 오랫동안 깨닫곤 했습니다. 미국에서 가장 큰 퀘이커 학교인 시드웰 프렌즈 스쿨의 교장으로 일했던

1960년대부터 나는 이 문제에 대해 관심을 가져왔습니다. 2차 대전에 참전한 지 20년 후 나는 우리 학교가 월남전에 반대하는 데 얼마나 적극적인 역할을 취해야 할지 결정해야 했습니다. 한편으로 나는 전장에서 싸우고 있는 군인들의 입장에서서, 전쟁에 징집될 가능성이라고는 거의 없으면서도 전장의 군인들을 조롱하는 중상류층 반전론자들에게도 맞섰습니다. 그러나 이 전쟁이 우리가 반대해야 할 전쟁이라는 점은 전쟁 초기부터 나와 우리 퀘이커들에게 아주 분명했지요.

특히 나는 우리 학교의 고등학교 과정 학생들이 자기 자신의 양심을 되돌아본 뒤에 정부의 대외정책에 어떻게 대응해야 할지 스스로 결정하는 것이 중요하다고 느꼈습니다. 그들이 퀘이커 학교를 다니거나 선생님이 반전주의자라는 사실이 그들의 생각을 결정짓게 해서는 안 된다고 나는 느꼈지요. 내 나이 열일곱에 나라가 전쟁에 휩싸였을 때, 마음속 깊이 들었던 여러 가지 생각이 공포에 찬 전장으로 나를 이끌었습니다. 하지만 그 깊은 생각은 진실하게 살려는 내 평생의 습관을 만들어 주었습니다.

비폭력은 선택의 대상이 아니다

월남전은 벌써 한 세대도 넘은 옛날의 이야기입니다. 하지만 우리는 카리브 해의 섬나라 그레나다에서 중동의 페르시아 만까지, 소말리아에서 보스니아까지,* 미국이 세계 곳곳에서 벌이는 군사작전들에 대해 찬성을 할지 반대를 할지 개인적 선택을 내려야 하는 상황들에 부딪히곤 합니다. 최대의 군사강국이자 세계의 경찰을 자임하는 미국 시민으로서 우리들은 말이 아니라 우리들의 삶이 우리들 자신을 평화의 세력으로 대변하게 해야 하는 특별한 책임을 지고 있습니다.

폭력으로 폭력을 누른다는 역설은 오늘날에도 여전히 우리를 곤혹스럽게 합니다. 어떻게 우리는 폭력을 쓰지 않으면서 폭력에 효과적으로 반대할 수 있을까요?

우리가 비폭력을 정말 잘 실천하기 위해서는 이상주의와 실용주의를 잘 결합시켜야 합니다. 최근의 실용주의적 경향에 따라 몇몇 퀘이커 친우 모임에서는 옛 유고슬라비아 지역

---

* '그레나다'는 1983년 레이건 대통령 때 있었던 그레나다 침공 사건을 말하며, '페르시아 만'은 1990년 이라크의 쿠웨이트 침공에 개입한 '사막의 폭풍' 작전, '소말리아'는 1993년 클린턴 대통령 때 일어난 소말리아 내전에 평화유지군을 파견한 일, '보스니아'는 1992년 일어난 보스니아 인종 분쟁에 평화유지군을 파견했던 일을 각각 말한다.

분쟁[*]의 평화유지군 활동을 지원키로 했습니다. 쏟아지는 비난에도 불구하고 유엔은 세계 각처에서 수백만 명에게 도움을 줄 획기적인 경제적 평화정착 노력을 지원하고 있습니다.

2천 년 전 예수님은 '눈에는 눈'이라는 원칙에 입각한 정의는 궁극적으로 세상을 장님만 존재하는 곳으로 만들어버릴 것이라고 설교했습니다. 오늘날 핵무기의 시대에 살고 있는 우리들은 평화를 추구하는 데 별다른 대안이 없습니다. 마틴 루터 킹 목사는 말했습니다. "비폭력의 한가운데에는 생명의 원리가 있습니다. 이 세상은 이제 더 이상 폭력이냐 비폭력이냐의 선택을 해야 하는 상황이 아닙니다. 비폭력이냐 멸망이냐를 선택해야 하는 상황입니다."

중요한 것은 우리 각자가 가정이건 동네건 상관없이 우리 사회의 작은 모퉁이에서 평화지킴이가 될 수 있다는 것입니다. 이러한 평화지킴이로 살아가는 데 필요한 것은 사랑뿐이며, 우리가 과거에 사랑을 나눠주었던 것보다 더 넉넉히 남들에게 사랑을 나눠주겠다는 의지뿐입니다.

시인과 철학자들은 지금까지 여러 가지 정교한 사랑의 미

---

[*] 1991년부터 1995년까지 옛 유고슬라비아 연방의 해체와 함께 연이어 벌어진 슬로베니아 내전, 크로아티아 내전, 보스니아-헤르체고비나 내전, 코소보 내전을 말한다.

146

적분식을 세우곤 했습니다. 하지만 퀘이커들은 그저 단순한 덧셈만 하자고 제안합니다. 우리가 더 많은 사랑을 세상에 더할수록 세상은 더욱 사랑이 넘치고 인간미가 흐르는 곳이 될 것입니다. 우리는 우리가 생각하는 것보다 훨씬 더 많이 이 세상과 우리 주위 사람들, 특히 우리 삶에서 만나는 젊은이들에게 영향을 미칩니다. 이러한 영향력을 스스로 인식하고 그에 따르는 엄중한 책임감을 받아들이는 것, 그것이야말로 평화를 향해 나아가는 우리 여정의 가장 훌륭한 출발점이 될 것입니다.

7

봉 사

SERVICE

퀘이커들의 우스갯소리가 하나 있습니다. 어느 퀘이커가 비신자인 자기 친구 하나를 데리고 예배를 함께 드리기 위해 모임에 왔습니다. 모두가 머리를 숙이고 눈을 감은 채 조용히 앉아있었지요. 한 5~10분을 모두가 침묵 속에 조용히 있자, 그 친구가 몸을 비비꼬기 시작했습니다. 그는 옆에 있던 퀘이커 친구를 쿡 찌르며 "예배Service는 언제 시작되지?" 하고 물었답니다. 그러자 퀘이커 친구는 "봉사service는 예배worship가 끝난 후에 시작되지"라고 답했다고 합니다.

　박장대소할 이야기는 아닙니다만 별로 재미없이 늘 근엄한 퀘이커들에게는 그나마 웃음을 띠게 하는 이야기이지요. 위 이야기가 시사해주는 것은, 퀘이커들에게는 예배드리는 것과 남에게 하는 봉사가 직접적으로 연관되어 있다는 것입니다. 조용한 묵상으로부터 시작되는 진리에 대한 탐구는 행동에서 그 표현법을 발견합니다. 퀘이커 예배가 갖는 내면적 지향성에도 불구하고, 퀘이커들은 태생적으로 수도원에서 조용히 자신을 갈고 닦는 사람들이 아니라 적극적인 행동주의자들입니다. 퀘이커들은 우리가 이 땅에 존재하는 이유가 서로를 돕고 또 세상을 더 나은 곳으로 만들기 위해서라고 믿습니다. 윌리엄 펜은 "하느님다움 혹은 참된 신성True Godliness의 진정한 의미는 인간들을 이 세상에서 빼내어 유리시키는 것이 아니라, 세상 속에서 더 잘 살게 하고, 그들로 하여금 세상을 고쳐나갈 노력을 불러일으키게 하는 것"이라 말하면서 예배와 봉사의 관계를 간결하고 분명하게 관련지어 설명한 바 있습니다.

봉사의 정신과 이타주의

퀘이커가 가진 봉사의 개념은 모든 사람들 속에 하느님의 속성이 있고, 그렇기에 세상 사람들 모두가 동등한 가족의 구성원이라는 믿음에서 출발합니다. 이 기적 같은 우리의 가족들을 더 건강하고, 더 행복하고, 덜 폭력적이게 하기 위해서는 무엇을 해야 할까요? 미국에 건너온 제1세대 퀘이커들은

노예제를 폐지하고, 인디언 원주민들을 공평하게 대하며, 죄
수들의 수감환경과 정신병원에 수용된 환자들의 생활환경
을 개선하는 일들을 통해 퀘이커의 가르침을 실천해 왔습니
다. 250년 후 미국 친우봉사위원회에 노벨평화상이 주어졌는
데, 선정 이유는 다음과 같았습니다. "그들 ─좁은 의미에서
는 AFSC, 넓은 의미에서는 퀘이커 모두─은 이름을 밝히지
않은 사람으로부터 이름 모를 사람에게 가는 조용하고 은밀
한 도움을 통해 여러 나라 사이의 형제애를 증진시켰습니다."
퀘이커들에게 있어 참된 봉사란 자기 직계가족들이나 가까운
친구들, 정치적 우군이 부딪힌 문제에 대해 도움의 손길을 주
는 것이 아니라, 인류 가족의 그 누구에게라도 필요한 곳에 손
을 내밀어 돕는 것입니다.

간디의 비폭력주의를 공부하고 가르친 퀘이커 인권운동가
베이어드 러스틴Bayard Rustin, 1912~1987의 전기에 따르면, 그는
이렇게 이야기했다고 합니다. "내가 시민운동을 한 까닭은 흑
인으로 태어났기 때문이 아닙니다. 그것은 근본적으로 나를
양육한 퀘이커 정신과 우리 할아버지께서 내게 심어준 가치
들에 뿌리를 두고 있습니다. 그 가치들은 우리 모두가 한 가족
이고 가족 구성원 모두가 동등하다는 신념에 기초하고 있습
니다."

비록 퀘이커들만이 인류를 한 가족으로 묶는 '성스러운 불꽃'을 이야기하고는 있지만, 다른 모든 종교 역시 신자들에게 '네 이웃을 네 몸과 같이 사랑하라, 낯선 이와 과부와 고아들을 돌보라'고 가르칩니다. 그들은 이를 위해 서로 다른 경전들, 즉 복음서, 탈무드, 코란, 모르몬경 등을 인용할지 모릅니다. 하지만 결론은 같습니다. 선한 사마리아인의 이야기는 신약 시대나 지금이나 똑같은 의미를 가집니다. 도움을 필요로 하는 낯선 이에게 베푸는 작은 인간적 배려와 친절이 우리의 인간됨을 표현하는 최고의 방법이라는 것이지요.

도시 생활에서 발생하는 이런 딜레마를 생각해 보십시오. 당신이 매일 아침 꼭 지나야 하는 출근길 두세 곳에 걸인들이 있다고 합시다. 그들은 남루하고 지저분합니다. 당신은 깔끔히 단장하고 잘 다려진 옷을 입고 있지요. 그들은 아무것도 가진 게 없고, 당신은 집과 가족이 있고 직업이 있습니다. 그러나 그들에게도 당신으로 하여금 길을 건너가게 하거나 그러지 못하게 가로막을 힘 정도는 있습니다.

그들에게 동전 몇 개를 주는 것이 그렇게 힘든 일은 아닙니다. 출근길에 우리는 이미 커피, 신문, 지하철 요금 등으로 5달러 정도를 썼을지도 모릅니다. 하지만 우리와 다른 사람 사이의 불공평한 차이를 목격하는 것이야말로 훨씬 비용이 많이

드는 일 아닐까요? 우리는 그들이 내민 손을 무시하고 지나칠 수 있을지 몰라도, 그리고 동전을 달라고 구걸하는 그들의 목소리를 스쳐지나갈 수 있을지 몰라도, 삶의 불공평함을 적나라하게 보여주는 이 광경을 피해 갈 수는 없습니다. 나는 건강하고 안락한 삶을 누리고 있는데, 왜 이 사람은 병들고 약물에 중독되고 집도 없을까?

나는 길거리 사람들을 무시하려는 마음을 누르고 의식적인 노력을 기울입니다. 얼마간의 돈과 함께 그들에게 밝은 얼굴과 친절한 말투로 도움을 원하는 그들의 인간됨을 인정하고자 합니다. 내가 그렇게 하는 것은 무슨 죄의식 같은 것을 덜기 위해서가 아닙니다. 인정의 의미로 가볍게 고개를 끄덕이지도 않고 어려운 사람을 그냥 지나친다는 것은 그 사람 속에 있는 하느님의 존재를 부정하는 것입니다. 그 노숙인이 마치보이지 않는 존재인 양 행동한다면, 우리는 그 사람 속의 불빛도 보지 못하고, 그것이 나의 불빛과 연결되어 있는 것도 보지 못하는 사람으로 스스로를 떨어뜨리고 있는 것입니다.

이타주의는 비폭력과 마찬가지로 우리를 역설에 빠지게 합니다. 한쪽 뺨을 맞고도 다른 쪽 뺨을 돌려대는 것처럼, 낯선 사람을 돕는다는 것은 기본적으로 우리의 직관과 반하는 행위이지요. 다른 모든 창조물과 마찬가지로 우리들 인간도 스스로의 이익을 추구하는 존재입니다. 우리의 본성은 가진 것들을 아끼고, 절약하고, 그것들을 가까운 가족들이나 친구들하고만 나눕니다. 즉 우리가 잘 알고, 우리가 사랑하며, 우리가 어려움을 당했을 때 호혜적으로 무엇인가를 베풀어줄 사람들과 나눈다는 말이지요. 한데 왜 우리가 낯선 사람들까지 돌봐야 한다는 말입니까?

나는 이타주의가 우리 모두의 마음 깊숙이 자리 잡고 있는 본성이며, 우리 속에 있는 최고의 것을 발휘할 수 있게 하는 신비한 힘이라 생각합니다. 우리는 도움이 필요한 사람들, 압제받고 있는 사람들, 혹은 아픈 사람들의 울부짖음을 들을 때 우리 마음속의 그 무엇인가가 즉각적으로 반응하는 것을 경험합니다. 우리가 이런 이타적 본성을 가졌다는 것은 미국인들 3명 중 한 명 꼴로 자원봉사를 통해 자신이 사는 지역사회에 기여하며, 매년 구호기관에 10억 달러가 넘는 돈을 모금해 전달한다는 사실로도 증명됩니다.

하지만 우리는 상반된 본성에 의해 영향을 받기도 합니다. 모르는 것에 대한 두려움, 우리가 이해하지 못하는 문화와 가치를 지닌 사람들에 대한 두려움이 바로 그것이지요. 낯선 이에 대한 두려움과 우리가 가진 경험 밖의 사람들과 연대하고자 하는 욕구 사이의 줄다리기는 사람들을 서로 가깝게 만들기도 하고 멀어지게도 하는 아주 역동적인 힘입니다. 이 역동적인 힘이 우리로 하여금 외국에 나가 외국 사람들을 만나게 하고, 이 역동적인 힘이 베를린 장벽을 쌓거나 이민제한 정책을 세우게 만들기도 합니다. 남에 대한 봉사가 우리의 삶 속에서, 살고 있는 지역사회에서 우리들을 고립시키는 벽들을 허물어 부수는 길입니다. 또 그렇게 함으로써, 즉 남에 대한 봉사를 통하여 우리는 인간으로 성장하게 됩니다.

봉사는 사랑의 가시적 표현

내가 처음으로 낯선 사람을 도왔던 경험은 예기치 않게 내 눈을 뜨게 하고 나를 성숙케 한 사건이 되어주었습니다. 나는 대부분의 주민이 퀘이커교도인 뉴저지 주 무어스타운의 아늑하고 안전한 환경 속에서 자랐습니다. 그곳에서 착하고 사랑스런 이웃들과 선생님들 그리고 친구들 사이에 둘러싸여 살았습니다. 내가 아는 모든 사람들은 비슷하게 생겼고, 선거 때만 제외하고는 모두 비슷하게 생각하기도 했습니다. 우리 집은 소박했지만 안락했고, 우리 생활은 다른 모든 친척들보다 검소했습니다. 대공황 때문에 수백만의 사람들이 먹고사는데 고통을 당하고 있다는 이야기를 신문을 통해 읽고 있었지만, 내가 직접 가난을 경험하지는 못했습니다.

내가 열네 살이던 어느 날 모든 것이 변해버렸습니다. 우리 역사 선생님이자 젊은 퀘이커 활동가로 인기가 높았던 데이비드 리치 선생님이 반 아이들을 이끌고 필라델피아 북동쪽 낙후된 동네의 주말 근로캠프에 데려가셨습니다. 집에서 불과 30킬로미터 남짓 떨어진 그곳에서 나는 가난에 찌들고 폭력이 난무하는 흑인 빈민가를 보았습니다. 내가 일을 도와준 그곳 사람들은 처음에는 내가 아는 그 누구와도 다른 사람들처럼 보였습니다. 매 주말마다 나는 '나의 가족'이 된 사람들을 도와 집을 페인트칠하고 수리하는 따위의 일을 했고, 함께 땀 흘린 결과들을 보며 서로 감탄하기도 했습니다.

그때 주말에 했던 일들은 성찰을 통해서만이 아니라 우리와 다른 사람들과의 교류를 통해서도 삶에 대해 배울 수 있다는 깨달음을 가져다주었습니다. 도움을 원하는 전혀 낯선 사람들과 나란히 서서 했던 육체노동은 나에게 서로 간의 차이를 뛰어넘는 동질감과, 고된 노동을 함께하는 데서 생기는 동료애에 대하여 그간 교실과 예배 모임에서 배웠던 그 어떤 것보다 강렬한 가르침을 주었습니다. 내가 도왔던 가정만큼이나 나도 많은 것을 얻은 셈이죠. 나는 우리가 이웃형제들의 보호자일 뿐 아니라, 우리 이웃형제들 역시 우리의 보호자이자 우리 영혼의 보호자이기도 하다는 것을 배웠습니다.

'봉사'와 '일'에 구별을 전혀 두지 않았던 리치 선생님은 학생들에게 봉사를 간단히 정의해주었는데, 그 말은 지금까지도 내 마음속에 남아있습니다. "일 혹은 봉사란 사랑이 가시화된 것"이라는 말씀이었습니다.

봉사란 사랑이 가시화된 것이라는 이 진리는 10년 후 다른 맥락 속에서 내게 다가왔습니다. 2차 세계대전의 전장에서 돌아온 후 나는 대학 생활로 복귀하는 데 큰 어려움을 겪었습니다. 하버드 대학교에 다니던 동료 학생들의 관심사들이 하찮게만 보였고, 강의실에 갇혀 거의 질식할 지경이었습니다. 결국 나는 학교를 그만두고 군인으로 떠나온 지 16개월 만에 내가 파괴하는 데 일조한 나라들의 재건을 돕기 위해 벨기에와 프랑스로 돌아갔습니다.

벨기에 서부 부슈부아Boussu-Bois라는 탄광 마을에서 나는 첫 번째 일을 맡았습니다. 다른 나라에서 온 학생들을 도와 근처 폐광에서 나온 석탄찌꺼기로 뒤덮인 곳에 마을 축구장을 건설하는 일이었습니다. 2년 전 아르덴 숲에서 기관총과 소총을 쏘아대던 나는 불과 40킬로미터 떨어진 곳에서 새벽부터 어둠이 몰려올 때까지 석탄찌꺼기를 치우는 일을 하게 된 겁니다. 그 일은 내가 여태껏 했던 일 가운데 가장 힘든 육체노동이기도 했습니다. 그러나 가장 행복했던 순간이었습니다. 내게는 그것이 속죄의 고행도 아니었고 자선으로 여겨지지도 않았습니다. 나는 도움이 필요한 이들, 즉 전쟁을 딛고 일어나려는 아이들에게 필요한 놀이터를 만들어주는 실제적인 일을 했고, 그러는 가운데 나 스스로 온전한 인격체로 태어나고 있음을 느낄 수 있었습니다. 이 일은 사랑이 가시화된 것이었고, 바로 제가 그 사랑을 느낄 수 있었습니다. 비폭력과 마찬가지로 봉사야말로 이상주의와 실용주의를 합친 일임을 알게 된 거죠. 남을 돕기 위해 우리 자신을 내놓는 것은 도움을 받는 사람에게나 도움을 주는 사람에게 모두 이로움이 되도록 양방향으로 작용합니다.

하버드에서 해버퍼드 대학으로 옮긴 여름방학에 나는 야우테펙Yautepec이라는 멕시코 마을에서 일하면서 봉사가 지닌 더 가혹한 진실을 알게 되었습니다. 나는 다른 퀘이커 대학생들과 고등학생들로 이뤄진 AFSC 근로캠프에 합류하여 그곳 사람들에게 옥외 변소를 만들어주고, 더듬거리는 스페인어로 개인위생의 중요성을 일깨워주었습니다. 장염 발생을 줄이고자 했던 것입니다. 하지만 그곳 사람들은 우리들을 적개심과 의심이 가득한 눈초리로 바라보았습니다. 우리를 죽어라고 반대한 마을 사제가 사람들에게 우리가 문제를 일으키고 사람들을 개종시키러 왔다고 말했기 때문이지요.

힘들었던 멕시코에서의 경험을 통해 나는 봉사에 관한 가장 중요한 교훈을 얻게 되었습니다. 그것은 우리가 가치 있다고 믿고 또한 다른 사람들의 삶을 더 낫게 해줄 희망이 있는 일이라면, 즉각적인 변화를 볼 수 있건 없건 계속 그 일을 해야 한다는 것입니다. 봉사는 지극한 만족감을 가져다줄 수도 있고, 커다란 실망을 가져다줄 수도 있습니다. 이타적인 노력들에서 얻는 충족감은 행하는 것 자체로부터 와야지 가시적 결과에 따라 오는 것이 아닙니다. 당신이 돕고자 한 사람들의 감사 인사로부터 오는 것은 더더욱 아니지요. 인도의 시성詩聖 타고르는 이런 생각을 다음과 같이 적고 있습니다.

별이 말합니다.
"내 램프의 불을 밝히겠소.
하지만 결코 따지지는 마시오.
그 불이 어둠을 쫓아버렸는지는."

봉사의 여러 가지 방식

좋은 동기에서 하는 자원봉사 활동은 일생에 걸친 헌신으로 이어질 수도 있습니다. 직업을 선택하는 일은 보통 젊은 시절에 이루어지기에, 젊은이들이 봉사와 그것이 가져올 풍부한 가능성을 직접 경험하는 것은 매우 중요합니다. '좋은 직업'이란 '별로 좋지 않은 직업'보다 급여를 많이 주는 것으로 정의되곤 합니다. 하지만 더 많은 젊은이들이 그저 생활을 가능하게 하는 직업보다는 뭔가 세상에 기여할 수 있는 직업에 뛰어들고 있습니다. 그들은 자신의 흥미뿐 아니라 그들의 이상을 실현시킬 수 있는 직업을 원하며, 그러한 기회는 무궁무진합니다. 시드웰 프렌즈 스쿨 졸업생들의 글을 읽으면서 나는 우리 졸업생들이 갖고 싶어 하는 봉사 관련 직업의 종류와 수가 나 같은 선배들의 상상을 뛰어넘는다는 데 놀랐습니다. 저소득층에 융자를 지원하는 일, 습지 보전과 관련된 일, 어린이용 교육영화를 만드는 일 등이 그 일례들이지요.

나와 동시대를 산 사람들은 봉사 또는 '남을 돕는' 직업을 아주 좁게 생각했습니다. 의료, 교육, 사회복지 등이 그것들인데, 실제로 이 분야들에는 퀘이커들이 꽤 많이 진출해 있습니다. 우리 어머니는 남자 형제들과는 달리 당시의 대다수 여자들처럼 의사가 되라는 권유를 받지 못했습니다. 어머니는 그 대신 사회복지 분야, 특히 어머니가 결혼 전에 했던 일대일 상담을 매우 의미 있고 보람된 일로 생각했습니다. 나와 두 여동생이 십대 청소년일 때, 어머니는 다시 사회복지사 일을 시작해서 뉴저지 리버턴 인근 농촌의 가난한 사람들을 도왔습니다. 어머니는 사회봉사와 의료봉사를 통해 쌓은 당신의 전문성으로 혜택을 별로 받지 못하던 농촌마을의 어려운 사람들을 위해 봉사했습니다. 그뿐 아니라 어머니는 그분들에게 말로는 표현하지 않았지만 말로 하는 것보다 훨씬 더 뚜렷한 가시적 사랑을 베풀기도 했습니다.

어머니는 괴팍한 성격에 은둔자처럼 살면서 가난하고 병약함에도 불구하고 누구의 도움도 거부하기로 유명한 이벌 챔버스 씨마저 설득해 도움을 주었습니다. 나는 챔버스 씨를 그분의 과수원에서 한 번 본 적이 있는데, 아주 음울한 분이었습니다. 나의 상상 속에서 그는 언덕 너머에 혼자 살고 있는, 이벌Eval이라는 이름마저 악마Evil와 비슷한 어감을 주는 무서운 사람이었습니다. 헨리 소로는 특별히 쓸쓸하고 적막한 분위기로 이렇게 쓴 적이 있습니다. "누군가 나로 하여금 좋은 일을 하게 할 요량으로 내 집에 오고 있다는 것이 확실하다면, 나는 내 삶을 지키기 위해 도망가야 한다." 이것이야말로 모든 도움으로부터 등을 돌린 남자 챔버스 씨에게 딱 들어맞는 설명입니다. 어머니가 이분을 맡아 사랑으로 그를 도울 수 있게 되기 전까지는 그랬습니다.

나는 십대 초반에 의사가 되겠다고 결심했습니다. 이 결심은 내가 의사가 되는 데 필요한 과목들을 잘해서가 아니라 우리 외할아버지와 친척 아저씨들을 존경한 데서 비롯된 결심이었습니다. 내가 지금도 생생히 기억하는 것 중 하나는 유명한 소아과의사이고 필라델피아 아동병원의 총 책임자였던 조 아저씨가 크리스마스를 축하하기 위해 수십 명의 온 가족이 함께 모인 저녁식사 자리를 박차고 아픈 아이를 왕진하기 위해 식구들을 뒤로한 채 떠난 일입니다. 샐리 대고모 댁에서 친척 아저씨들과 숙모들 전부, 그리고 그들에 딸린 사촌들이 모이는 것은 일 년에 한두 차례 명절 때 같이 먹는 저녁식사 자리뿐입니다. 이렇게 활기차고 떠들썩한 가족모임 자리를 1분이라도 비우는 것은 상상할 수 없는 일이었지요. 하지만 나는 조 아저씨를 따라가고 싶었고, 아저씨는 그런 나를 왕진 길에 데려가셨습니다. 우리는 필라델피아 북부의 빈민가를 가로질러 내 나이 또래의 소년이 있는 집으로 갔습니다. 소년은 그해 여름에 소아마비에 걸려 앓고 있었습니다.

그들이 사는 아파트는 크리스마스 날임에도 불구하고 즐거운 기색은 전혀 없이 음울했고, 아무런 장식도 없었습니다. 소아마비에 감염될까봐 조 아저씨는 내게 부엌 쪽에 남아있으라고 하시더군요. 그러나 나는 복도를 통해서 저쪽 침실의 모습을 볼 수 있었습니다. 아저씨는 의자를 끌어당겨 앉고는 천천히 그 아이 잠옷의 단추를 풀고 청진기로 가슴의 소리를 들으며 아이를 진찰했습니다. 한편 아이 부모님은 침대 발치에서 손을 모은 채 근심 속에서 지켜보고 있었지요. 조 아저씨는 진찰을 마치고 그 아이의 부모와 가벼운 이야기를 주고받았는데, 그런 가운데 그 좁은 방에 있던 모든 이들에게서 웃음이 터져 나왔습니다.

그 웃음이 제게는 크리스마스의 의미를 가장 잘 드러내는 것으로 여겨졌습니다. 소아마비 백신을 개발한 선구자들 가운데 한 분인 나의 아저씨는 크리스마스 날에 낯선 이들의 가정에 안심을 가져다준 것이었습니다. 아저씨는 알고 있는 모든 방법을 동원해서 그전까지 한 번도 본 적이 없는 아이의 생명을 구하고, 또 그 가족들에게 희망을 주려 했습니다. 나는 이 숙련되고 이웃을 사랑하는 마음을 가진 사람 속에 내재하고 있던 특별한 힘에 크게 감명을 받았습니다.

우리가 차로 돌아왔을 때 조 아저씨는 깊은 생각에 사로잡혀 있었습니다. 그러다가는 한참 후에 저에게 말했습니다. "내 생각에 저 아이는 살 수 있을 것 같아." 나는 바로 그때 그 자리에서 나도 의사가 되겠다고 결심했습니다. 나 역시 나의 삶을 아저씨처럼 쓸모 있는 것으로 만들고 싶었기 때문입니다.

치유하려는 본능

대대로 우리 집안에는 의사로서 귀감이 된 사람들이 많았습니다. 내 친가 쪽인 스미스 집안은 필라델피아 시내에서 대대로 의사생활을 했습니다. 외가 쪽의 스토크스 할아버지는 아주 어려서부터 작은 마을에서 헌신하는 의사의 한 사람으로 살기로 결심했습니다.

스토크스 집안의 첫 번째 의사였던 존 힌치먼 스토크스가 뉴저지 무어스타운에서 진료를 처음 시작한 때는 1785년이었습니다. 그 후로 할아버지의 후손들은 이 마을에서 대를 이어가며 가정의로 일했습니다. 할아버지의 가족사에 쓰여 있는 얘기에 따르면, 집안에서 처음으로 의사가 된 존 할아버지는 1764년 농부의 아들로 태어났는데 너무 몸이 약해서 농사일에는 맞지 않을 것 같아 의학을 공부했다고 합니다. 할아버지는 에드워드 제너Edward Jenner, 1749~1823가 새로 개발한 천연두 백신에 큰 감명을 받고, 이 백신이 실제로 효과가 있다는 것을 의심하는 사람들에게 보여주기 위해 그의 어린 딸에게 백신을 접종하고 다른 환자와 함께 나란히 침대에 뉘어 놓았다고 합니다.

이 선각자의 이야기를 읽으면서 나는 왜 그분의 아들들과 손자들이 우리의 작은 마을에서 가정의로 열심히 일하면서 그분의 발자취를 따르려 하는지 이해가 되었습니다. 작은 마을에서 일반의로 일하는 것이 퀘이커들만의 경우는 아니지만, 나는 이 퀘이커 의사들이 그들의 일에 신앙이라고 부를 만한 차원을 더하여 가지고 있었다고 느낍니다. 지식에 더하여 남을 돌보는 마음을 가짐으로써 아픈 사람을 나을 수 있게 한다는 믿음, 인간 상태가 완전해질 수 있다는 믿음, 과학의 힘을 사랑을 통해 베푼다면 질병으로 어두워진 생명에 빛을 밝혀줄 수 있다는 그런 믿음 말입니다. 내 외할아버지가 퀘이커로서 가졌던 신앙, 즉 늘 진리를 찾고, 모든 이들을 동등하게 대하며, 남을 위해 봉사하겠다는 다짐에 기초한 신앙은 그분의 공적, 사적 행동에 영향을 미쳤습니다. 할아버지가 지역사회의 각종 위원회에 참여해 치유자의 역할을 하는 것을 보면서, 나는 오늘날의 의료 환경에서 흔히 볼 수 있는 것과는 전혀 다른 자질을 그분에게서 느꼈습니다. 쾌활하고 사랑에 찬 낙천주의, 완벽을 향한 열의, 모든 사람이 가진 각각의 장점을 끄집어내서 이야기하는 태도가 그것입니다.

타인과 자신을 치유하고 모두를 완전하게 만들고 싶은 열망을 퀘이커의 고집이라 부를 수 있을 겁니다. 퀘이커들의 치유 본능은 조지 폭스에게서 비롯되었습니다. 그가 최초로 받은 계시는 견딜 수 없는 내적 고통으로부터 그를 치유해 주었고, 그의 유명한 일기에는 남을 치유하기 위해 매일매일 행한 노력들이 기록되어 있습니다. 하지만 수많은 퀘이커들이 의사가 된 이유를 거슬러 올라가면, 그들이 겪었던 차별 때문임을 알 수 있습니다. 퀘이커들은 영국 국교회에 속해 있지 않았기에 옥스퍼드나 케임브리지 대학에 진학할 수 없었습니다. 퀘이커들을 받아준 에든버러 대학에서 그들이 유일하게 공부할 수 있었던 전문학과는 의학이었습니다. 나중에 미국에서 퀘이커들이 스스로 중고등학교와 대학교를 운영하기 시작했을 때 과학은 늘 강점을 보인 과목이었습니다. 몇몇 다른 교파와 달리 퀘이커는 과학을 결코 종교에 대한 위협으로 보지 않습니다. 오히려 퀘이커들은 과학적 탐구를 하느님의 창조에 관한 진리 다음으로 추구해야 할 질문으로 받아들입니다.

이러한 정신 속에서 퀘이커들은 이 나라에서 처음으로 정신질환자들을 위한 인도적 치료기관을 세웠습니다. 정신병이 도덕적 타락의 결과라 믿던 그 시절에 퀘이커들은 가장 심각하게 헝클어져 있는 사람들 속에도 '성스러운 불꽃'이 있음을 깨닫고 그것을 존중했습니다. 정신질환의 희생자들을 범죄자나 어릿광대로 취급하지 않고 환자로 치료한 최초의 시설은 1796년 영국의 퀘이커였던 윌리엄 튜크William Tuke, 1732~1822

에 의해 설립되었습니다. 튜크는 정신질환을 앓는 환자들을 기계적 속박장치를 사용하지 않고 치료한 최초의 의사이기도 합니다. 다른 모든 치료시설에서는 정신질환자를 가혹하게 묶어두고 폭행했으며, 종종 다른 사람들의 구경거리로 삼았던 때였는데 말입니다. 19세기 초에 퀘이커들은 정신질환자들을 처벌하지 않고 치료하겠다는 바람으로 필라델피아에 친우병원Friends Hospital을 세웠습니다. 또 2차 세계대전 동안에 많은 수의 퀘이커 양심적 병역거부자들은 정신질환자들에 대한 퀘이커의 관심과 치료의 전통에 따라 여러 정신병원의 병동에서 아주 열심히 봉사했습니다.

모든 사람은 치료받을 권리가 있다

의사였던 스토크스 할아버지와 나의 두 외삼촌은 정신질환을 앓고 있는 사람들을 치료해온 퀘이커 전통에 큰 자부심을 갖고 있었습니다. 그랬기에 의사가 되겠다는 나의 어린 소망에는 쌍수로 환영하던 분들이 나중에 구체적으로 정신과의사가 되겠다는 계획에는 다들 시큰둥한 것을 보고 나는 깜짝 놀랐습니다. 그때까지 정신과의사를 만나본 적은 없었지만, 내게는 이 분야가 사람들과의 긴밀한 일대일 관계 속에서 그들의 삶을 더 낫게 하는 기회를 제공하는 것으로 보였습니다. 한데 우리 집안은 너무 도덕적인 나머지 아이들의 성에 대한 프로이트의 혁명적 관점 때문에 큰 쇼크를 받은 것 같았습니다. 쇼크가 너무 커서 적어도 내가 있는 앞에서는 결코 그 주제를 이야기하지 않을 정도였습니다. 그때 내게 분명하게 들었던 생각은, 환자 치료경험이 많은 이분들이 다른 대다수 동료 의사들처럼 과학적 방법으로는 치료 효과를 측정하기 어려운 '말로 하는 치료'에 대해서는 많이 회의적이구나 하는 것이었습니다.

내가 생애를 보내는 동안 진리에 대한 의학적 탐구는 인간의 고통을 완화하고 병을 치료하고 생명을 연장하는 일에서 비약적 진전을 이루었습니다. 의사들은 내가 어렸을 때보다 훨씬 효과적인 치료법을 환자들에게 제공하고 있습니다. 소아마비를 비롯한 다른 치명적인 질병들도 거의 박멸되었습니다. 하지만 나는 이 나라에서 벌어지고 있는 점점 더 비인간적이고 손익중심적인 의료 행위에 대해, 그리고 의료 혜택의 불평등한 배분 때문에 대다수 사람들이 느끼는 우려에 대해 깊이 공감합니다. 예방의학의 발전에도 불구하고 미국에서 4천만 명이 넘는 사람들이 아직 의료보험의 혜택을 받지 못하고 있다는 사실[*]은 1947년에 돌아가신 제 할아버지조차 믿기 어려워할 겁니다. 지구상에서 가장 부자라고 하는 이 나라에서 아이들이 예방접종을 제때 받지 못하고, 여성들은 적절한 임산부 관리도 받지 못하는 실정입니다. 할아버지가 의사가 되어 치료에 헌신하겠다고 다짐한 이유는 모든 사람 안에 하느님의 속성이 있다고 믿었기 때문입니다. 그랬기에 할아버지는 모든 사람에게 하느님이 주신 동등한 양과 질의 의료조치를 받을 권리가 있다는 것을 한 번도 의심한 적이 없습니다. 할아버지는 남자고 여자고 어린아이들이고 간에, 다치고 병들어 당신에게 치료를 받으러 오면 당신이 제공할 수 있는 최상의 진료를 했습니다.

하지만 할아버지도 요즘 말로 '1차 진료의'라 부르는 가정의가 늘어나고 있는 것을 보면 기뻐하실 겁니다. 할아버지는 모교인 펜실베이니아 의대 학장의 초청으로 20년 동안 해마다 졸업생들에게 강연을 했습니다. 매년 그 강연에 초청받아 갈 때마다 전문의 과정이 인기를 얻고 많은 의대생들이 전문의가 되려는 것을 개탄하며, 막 졸업하는 젊은 의사들에게 가정의가 되는 것을 고려해보라고 권하곤 했습니다. 빠르게는

---

* 2014년 1월 오바마 대통령이 주도한 의료보험 개혁안인 '오바마 케어'가 도입되기 전까지, 미국에서는 인구의 15퍼센트에 달하는 최하위 및 차상위 계층 약 4,500만 명이 의료보험의 혜택을 받지 못했다.

1930년대부터 농촌 지역에서 의사의 수가 줄어드는 것에 대해 학생들이 관심을 가져야 한다고 말했습니다. 이 문제는 그 어느 때보다 요즘 들어 더 중요하고 심각한 문제가 되고 있습니다.

할아버지는 후배 졸업생들에게 '쾌락'pleasure과 '행복'happiness 의 차이를 구별하는 것으로 연설을 마치곤 했습니다. 당신에게 있어 쾌락이란 오락, 유럽 여행 등등 돈으로 살 수 있는 것들입니다. 꼭 필요한 것들은 아니지요. 행복이야말로 할아버지가 관심을 갖고 이끌린 것입니다. 할아버지는 작은 마을의 가정의가 되어 같은 환자와 환자의 가족들을 여러 해 동안 계속해서 보는 것, 그럼으로써 단순히 그들의 질병뿐 아니라 그들의 삶을 이해하게 된 결과로 얻는 것이 바로 행복한 삶이라 여겼습니다. 할아버지는 영국 소설가 조지 엘리엇George Eliot, 1819~1880의 『미들마치』에 나오는 젊은 시골의사의 말을 적어 호주머니에 넣고 다녔습니다. "나는 이처럼 극도의 지적 부담을 주지 않는 직업에서라면, 또 나의 이웃들과 선하고 따뜻한 접촉을 할 수 없는 직업에서라면, 그다지 큰 행복감을 느낄 수 없었으리라."

172

봉사의 길은 어디에나 있다

내가 대학에 진학했을 때, 할아버지는 내가 집안의 다음번 의사가 되리라 예상하고 당신이 의대 시절에 썼던 멋지고 오래된 현미경을 내게 주었습니다. 그러나 의사가 되겠다는 내 계획은 하버드 대학에 들어간 첫 해에 벽에 부딪히게 되었습니다. 나는 다른 과목들과 함께 생물학과 화학을 수강했는데, 영어, 철학, 역사는 문제없이 잘했지만 생물학과 화학은 겨우 낙제를 면할 정도였습니다. 2학년이 되었을 때 나는 유감스럽게도 과학 분야에 능력이 없다는 부끄러운 사실을 직시하고 의과대학에 진학하려는 목표를 접었습니다. 그 무렵에 나는 가장 보람된 인생을 살 수 있는 기회의 문이 눈앞에서 굳게 닫혀버린 것처럼 느꼈습니다.

'길이 열리는 대로'as way opens라는 말은 퀘이커 모임에서 집단적 침묵을 통해 조용히 진리를 찾는 경험을 해본 퀘이커들이 쓰곤 하는 표현입니다. 더 넓은 의미로는 자신의 능력을 발견하고 자신이 가야 할 길을 알게 되었을 때 쓰는 말이기도 합니다. 나에게도 이 일이 일어났습니다. 나는 철학을 전공하였고, 나중에 컬럼비아 대학교 대학원에서 영어영문학을 공부한 후 같은 대학 교양학부의 강사가 되었습니다. 나는 봉사 지향적 직업을 찾던 중에 교육이라는 분야가 내게 열렸다는 것을 큰 기쁨 속에서 깨닫게 되었습니다. 나는 지금도 할아버지가 준 현미경을 가지고 있습니다. 하지만 그것을 보면서 실패를 떠올리지는 않습니다. 오히려 그것을 볼 때마다 내가 성공적으로 나의 재능을 발견하고, 매일 헤아릴 수 없이 많은 방법으로 남을 위해 봉사할 수 있는 그런 직업을 찾는 데 성공한 기억을 떠올립니다.

봉사하는 것, 알지 못하는 사람을 돕는 것, 살아있는 동안 열매를 맺지 못할 수도 있는 일을 위해 분투하는 것이 왜 그리 중요할까요? 흑인 여성으로는 최초로 연방 하원의원이 된 셜리 치솜 Shirley Chisholm, 1924~2005 은 말했습니다. "봉사는 당신이 이 땅 위에 살면서 생명이라는 방 하나를 가지고 있는 것에 대해 월세를 내는 것과 같습니다." 우드로 윌슨 대통령은 80년 전에 같은 맥락으로 이렇게 이야기했습니다. "가능하다면 인간이 그 자신의 삶에서 할 수 있는 것보다 더 나은 것을 줄 방법이 있습니다. 그것은 자신의 살아있는 정신을 바쳐 어려운 일에 봉사하는 것입니다."

"봉사란 사랑이 가시화된 것"이라는 단순한 통찰은 우리의 말이 아니라 '우리의 삶으로 이야기하라'는 것의 의미를 잘 설명해 줍니다. 결론적으로 사랑은 우리 삶에 있어서 가장 본능적이고 강력한 힘입니다. 그리고 사랑은 서로에게 아낌없이 나눠주어야 할 선물입니다. 우리가 봉사를 통해 연결될 때 가장 우리다워진다고 나는 믿습니다. 봉사하고자 하는 열의는 우리를 충만케 하고 흘러넘치게 하는 우리의 신비로운 성분입니다.

어디서 어떻게 시작하느냐는 중요치 않습니다. 시작하는 것 그 자체가 중요하지요. 19세기에 루크레티아 모트Lucretia Mott, 1793~1880라는 조그마한 맹렬 퀘이커 여성은 노예제 폐지, 모두의 평등, 여성을 위한 고등교육을 쟁취하기 위해 끊임없이 분투함으로써 그녀의 삶으로 이야기했습니다. 모트는 행동에 소극적인 퀘이커들을 봉사에 참여시키기 위해 이렇게 말했습니다. "빛은 어제도 비쳤고 오늘도 비추고 있으며, 앞으로도 영원히 비출 겁니다. 그런데 당신은 그 빛을 위해 무엇을 하고 있나요?"

8

사 업

BUSINESS

보통의 경우 사업하는 것을 남에게 봉사하는 직업으로 생각하는 사람은 없지만, 많은 퀘이커들은 자신이 사는 지역사회에 진정으로 도움이 되는 사업체를 세우고 운영함으로써 "당신의 삶으로 말하라"는 가르침을 따르고 있습니다. 이들 기업가들은 사업상의 이해利害와 봉사의 소명 사이에서 전혀 괴리를 느끼지 않습니다.

상거래는 우리 일상생활에서 떼려야 뗄 수 없는 부분입니다. 우리는 사업가들에 의존해 상품과 서비스를 공급받으며, 또 사업가들은 우리를 고객으로 삼음으로써 살아갈 수 있습니다. 미국은 그 어느 나라보다도 산업 발전을 통해 진보를 이룰 수 있다는 기치 아래 세워진 나라라 할 수 있지요. 쿨리지

John Calvin Coolidge, 1923~29 재임 대통령은 "미국사람들의 주된 비즈니스는 비즈니스"라고 말하면서 이런 국민 정서를 국가적 모토로 삼자고 주장하기까지 했습니다.

하지만 우리 미국인들은 거대기업과 금융기관에 늘 애증의 감정을 갖고 있습니다. 자수성가한 과거와 현재의 백만장자들은 우리 문화에서 신화적 존재인 양 칭송받지만, 우리는 또한 그들 가운데 많은 사람이 착취와 사기로 부를 쌓은 악덕 자본가임을 알고 있습니다. 언론은 한때 영화배우나 스포츠선수들에 대해 끊임없이 써대던 이야기들을 이제는 기업계의 스타들에 대해, 특히 젊고 잘생긴 스타들에 대해 쓰고 있습니다. 하지만 그것을 읽고 난 후 우리는 냉소적인 한숨을 내쉬게 됩니다. 그들은 어떤 사업수완으로 경쟁자들을 물리치고 최고의 자리에 오른 걸까? 그들이 파는 제품이 건강을 해치거나, 아이들에게 유해하거나, 너무 비싸거나, 잘못 광고된 것은 아닐까?

우리 소비자 문화에는 이런 뿌리 깊은 불신이 널리 퍼져 있습니다. 예전에 사업주들은 적정한 가격에 질 좋은 제품을 공급하여 '신뢰'라는 평판을 얻었고, 고객들은 그 제품을 반복구매함으로써 사업주들을 후원했습니다. 동네에 있던 작은 신발가게, 잡화점, 약국, 옷가게들을 떠올려보면 아쉬운 감정이 들곤 합니다. 그 가게 주인들이나 점원들은 지역사회에서 깊은 존중을 받았습니다. 같은 사람이 여러 해 동안 계속해서 우리를 응대했고, 사고자 하는 물건의 질에 대해 우리는 그들의 말을 신뢰해도 된다는 것을 알고 있었습니다. 이처럼 친절하고 세심한 주인들은 오늘날 영화 속에서나 볼 수 있습니다. 그것도 아주 오래된 영화 속에서.

퀘이커 방식으로 사업하기

최근에 나는 일부 자동차 딜러들이 소비자 로열티와 신뢰를 회복하기 위해 가격 절충 없는 정가제를 광고의 주안점으로 삼는 것을 보았습니다. 소비자들이 특히 고가제품에서 정가제를 좋아한다는 이런 '새로운 발견'을 우리 퀘이커 조상들이 안다면 꽤 즐거워할 것 같습니다. 3백 년 전 모두가 물건을 흥정해 사고팔던 시대에 퀘이커들은 1물1가 제도를 도입해 새로운 이정표를 세웠습니다. 실제 받으려는 가격보다 높은 가격을 매겨놓고 구매자와 흥정을 벌이던 다른 상인들과 달리, 퀘이커들은 특정 물건에 대해 적절한 가격을 정해놓고 고정된 가격으로 판매했습니다. 퀘이커가 운영하는 가게에서는 어린아이를 보내도 물건을 살 수 있었습니다. 이 가게들에서는 물건 가격이 늘 같고, 고객을 항상 공평하게 대한다는 것을 모두가 알고 있었기 때문입니다. 높은 이윤을 올리는 방법에 대해 이야기하거나 그것을 추구하지 않았어도, 퀘이커 사업 가들은 이러한 퀘이커 방식으로 각자의 사업을 성공시킬 수 있었습니다.

퀘이커들 가운데 사업으로 생활을 영위해온 이들은 늘 자신을 먼저 퀘이커로 생각했고 사업가는 그 다음이었습니다. 하지만 작은 가게건 큰 사업체건 상관없이 그들이 고수해온 사업 모델은 오늘날 윤리적이면서도 수익성 있는 비즈니스를 하고 싶어 하는 이들에게 단순하면서도 의미 깊은 본보기가 되고 있습니다. 퀘이커 친우들은 그들이 일하는 일터를, 자기 삶을 어떻게 영위하는지 보여주는 하나의 표현수단처럼 운영했습니다. 그래서 직원이나 고객이나 거래처 모두를 동등한 인격으로 대했고, 모든 거래에서 정직하겠다는 약속을 엄격히 지켰습니다. 이들 퀘이커 사업가들은 대를 이어가며 직원이나 고객에게 최선의 이익이 되는 일에서 물러서지 않고, 지역사회에 진정한 봉사가 되도록 재화를 공급함으로써 '자신의 삶으로 말하기'를 실천해왔습니다.

미국이 영국 식민지였던 시절, 퀘이커들에게 사업을 한다는 것은 스스로 선택한 것이기보다는 어쩔 수 없는 방편인 경우가 많았습니다. 높은 문자해득률에도 불구하고 17세기에는 대부분의 대학이 퀘이커들을 받아주지 않았고 공적 업무에도 참여시키지 않았습니다. 또한 전쟁에 대한 반대의사 때문에 군대에 들어가거나 정치에 참여하기도 힘들었습니다. 그런 까닭에 소규모 사업체를 세우는 것은 독립적이고 성실하며 근검한 퀘이커들에게 인기 있는 선택지였습니다.

퀘이커들은 늘 사치나 경솔한 낭비를 피해 왔기 때문에 초창기의 퀘이커 소상인들은 한정된 범위의 필수품들만 취급했습니다. 재단사, 모자판매상, 인쇄업, 서적상 일을 주로 하곤 했지요. 배를 이용한 무역은 총을 사용해 물건을 지켜야 했기에 수출입 사업에 종사하는 퀘이커는 거의 없었습니다. 퀘이커 철물업자들도 무기 만들기를 거부하고 꼭 필요한 주방용품만 만들었습니다. 또 퀘이커가 만든 옷에는 사람들 대부분이 선호하는 레이스나 기타 화려한 장식도 없었습니다. 게다가 어떤 염료는 노예노동으로 생산되기에 많은 퀘이커들은 색깔이 들어간 천을 만들지도, 그것으로 만든 옷을 입지도 않았습니다.

이런 제약사항이 많았음에도 퀘이커 소상인들의 사업은 대부분 번창했습니다. 그러나 사업이 번창하자 퀘이커 사업가들은 사업상의 이해가 그들의 삶을 지배할까봐 염려하기 시작했습니다. 이들 초창기 상인들은 사업 때문에 영적인 삶이나 공동체를 위한 책임을 다하는 데 필요한 시간을 빼앗길까봐 사업이 더 번창하는 것을 꺼리거나 억제하기까지 했습니다. 노예폐지론자이자 설교자로 유명한 존 울먼John Woolman, 1720~1772은 성공한 재단사이자 상인이자 과수접목사果樹椄木士였는데, 자신의 세속적 성공에 대해 큰 불안감을 느끼고 유명한 그의 일기에 이렇게 썼습니다. "사업이 번창하고 늘어나는 것이 내게는 큰 부담이다." 그는 이 문제에 대해 얼마간 고민하다가 결국 일기에서 하느님께 이런 질문을 드립니다. "주님의 성스러운 뜻을 받아들일 마음을 제게 주셨으니, 제가 이제 사업 규모를 줄여도 되지 않을까요?"

성공의 비밀은 '열린 마음' 속에

이처럼 정직하고 질 좋은 물건을 공급한다는 평판이 퍼진 덕분에, 심지어 '퀘이커 오트밀'Quaker Oats Company이라는 회사는 퀘이커가 세운 업체가 아님에도 아침식사용 시리얼 상표에 '퀘이커' 이름을 붙이자는 착상을 했습니다. 이 회사의 오트밀 상자에 있던 원래 사진은 19세기 초의 퀘이커 복장을 한 작고 무표정한 사람이었는데, 해가 지나면서 오늘날 우리가 보는 것처럼 벤저민 프랭클린과 산타클로스를 합친 듯 우람한 덩치에 불그레한 혈색의 웃는 얼굴을 하고, 시리얼 상자에서 뛰쳐나와 그것을 먹는 사람을 힘차게 안아줄 것 같은 사람으로 바뀌었습니다. 그러나 이렇게 세계적으로 알려진 활기 넘치는 광고 주인공을 퀘이커들 모두가 좋아하는 것은 아닙니다.

물론 내 친척 중에도 활력이 넘치고 낙천적으로 보이는 퀘이커 사업가들이 있는 게 사실입니다. 하지만 이들은 실제로는 훨씬 더 차분하고 절제된 사람들입니다. 그들은 실질적이고 보수적인 사람들로서, 여러 퀘이커 위원회나 다른 시민조직에 적극 참여하면서도 외양이나 일상생활에서는 전형적인 퀘이커적 단순성을 고수하는 사람들입니다. 대부분의 퀘이커 사업가들은 물질을 숭상하지 않습니다. 한 가지 기억할 만한 예외가 있다면 휘톨 할아버지인데, 그분은 '피어스 애로'Pierce Arrow라는 멋진 초록색 승용차를 갖고 있었습니다. 이 독특한 차는 휘톨 테이텀 글래스Whitall-Tatum Glass Company의 최고경영자였던 할아버지의 성공을 보여주는 상징이기도 했습니다. 휘톨 할아버지는 처남매부지간이던 우리 외할아버지를 두고, 좋은 차를 사서 오래 쓰지 않고 싸구려 차를 사서 몇 년에 한 번씩 바꾼다고 놀리곤 했습니다.

이 할아버지들은 퀘이커교도로서는 처음으로 미국 대통령이 된 허버트 후버Herbert Hoover, 1929~33 재임를 흠모한 충실한 공화당원들이었습니다. 후버 대통령은 성공한 사업가로서 1차 세계대전 후 굶주린 독일 국민에 대한 식량원조 사업을 총괄하기도 한, 아주 평범한 얼굴에 촌스럽기까지 한 퀘이커였습니다. 그런데 이분이 대공황에 대해서는 그리 철저하지 못한 방법으로 대처했던 겁니다. 공화당을 지지하던 우리 삼촌들이나 사촌들은 그가 별로 잘못한 것이 없다고 생각했습니다. (반면 우리 아버지는 보험판매인으로 그리 큰 성공은 아니어도 나름의 성공을 거둔 분인데, 후버 대통령이 잘한 게 하나도 없다고 보는 충실한 민주당원이었습니다. 아버지는 결속력이 강한 퀘이커 집안에서 꽤나 동떨어진 입장을 취했지요.)

무슨 입장을 가졌든 이분들은 어느 기준에서나 다들 성공한 사업가들이었습니다. 하지만 우리 집안에서 돈에 대한 이야기는 섹스에 대한 이야기만큼이나 금기시되는 주제였습니다. 혹시 내가 아는 누군가가 부자가 되고 사치스럽게 사는 것을 꿈꾸었다 해도, 결코 그것을 입 밖에 내지는 않았습니다. 퀘이커들은 필요한 것보다 더 많은 수입을 올리는 사람이라면 누구나 그 부를 선한 일에 쓰는 도구로 여겨야 한다고 보았습니다. 그리하여 이들 박애적인 퀘이커 사업가들은 벌어들인 수익을 중고등학교, 대학교, 병원을 설립하고 후원하는 데 쓰거나, 미국 및 세계 각국의 퀘이커들과 퀘이커 아닌 사람들에게 도움을 주는 기관에 썼습니다. 또한 그들은 회사 직원들에게 장기 휴가를 주어 AFSC 근로캠프나 퀘이커가 후원하는 다른 자원봉사 프로그램에 참여하도록 권하기도 했습니다.

퀘이커들은 살아가는 방식에서는 보수적이지만, 더 능률적인 방식의 일처리를 실험하고 기꺼이 혁신하려고 하는 것으로 잘 알려져 있습니다. 퀘이커들이 비즈니스 세계에서 성공할 수 있도록 해준 이 개방성은 인간 존재와 그들이 만든 제도가 완전해질 수 있다고 믿는 퀘이커들의 낙관적 견해에서 나온 것이며, 더 직접적으로는 퀘이커 예배 모임과 '지속적 계시'라는 관념에서 나온 것이라 나는 생각합니다. 퀘이커들은 우리 마음을 열기만 하면 각자의 내면에 있는 성스러운 빛으로부터 새로운 진리를 얻게 된다고 믿습니다. 이른바 '사무 모임'도 같은 원칙 아래 진행됩니다. 어떤 어려운 결정을 내릴 때면 퀘이커들은 토론 전에 잠시 동안 침묵의 시간을 가지면서 '길이 열어주는 대로' 진리가 떠오르기를 기다립니다. 나는 진리의 길에 대한 이런 끈기 있는 탐구의 습관이 퀘이커 사업가들에게 옮겨와서 사업과 제품 생산의 새로운 길을 기꺼이 찾아보도록 해주었다고 믿습니다.

사람과 자원을 소중히 대하라

우리 집 근처에 살면서 가끔 우리에게 들러 우스갯소리를 늘어놓곤 하는 내 사촌 프랜 스토크스는 토마토 종자를 육종해 뉴저지 캠던의 캠벨수프 회사에 판매하는 '스토크스 토마토 회사'를 경영합니다. 전형적인 퀘이커 기업가인 그는 토마토 교배와 비타민 강화 주스의 선구자이기도 합니다. 어느 해인가 그가 '구스토'Gusto, 향미라 이름 붙인, V8 주스의 선구가 된 제품을 만들어 자기 집 거실에서 시음회를 연 적이 있습니다. 나는 부모님과 여동생들과 함께 둥글게 둘러앉아 종이컵에 든 새 음료를 진지하게 맛본 후 공식적인 승인의 평가를 내려주었습니다. 심지어 '구스토'라는 이름부터 나를 떨리게 할 정도였습니다. 2차 세계대전 후에 프랜은 '러시아 전쟁구호기금'이라는 기구를 통해 소련에 대량의 종자를 보내서 전쟁으로 초토화된 농업력을 회복하고 극심한 식량부족 사태를 해소하는 데 일조하기도 했습니다.

잘 알려진 바와 같이 검소라는 퀘이커의 미덕은 사업에서는 높은 효율성을 올리는 데 기여해왔습니다. 낭비는 퀘이커들의 혐오 대상입니다. 그래서 많은 퀘이커들이 낭비요소를 없애는 새로운 방법을 찾는 데 기발한 독창성을 보여주었습니다. 사촌 프랜이 구스토 주스의 원재료 중 하나인 샐러리를 엄청나게 수확하자, 샐러리 캔 주스를 생산할 공장을 시작해 보기로 결정했습니다. (샐러리 주스는 분명 영양은 만점이었으나 사업은 유감스럽게도 별로 성공하지 못했습니다.) 발명가 기질이 가득했던 그는 석탄찌꺼기를 썻어낸 강물을 정화하는 방법도 개발했습니다. 이처럼 퀘이커들은 요즈음의 환경론자들이 물과 전기 같은 자원의 부족가능성을 경고하기 훨씬 이전부터 이들 자원을 보전하는 방법을 찾았습니다.

또한 퀘이커들은 어떤 사업에서든 가장 소중하고 재생 불가능한 자원은 거기서 일하는 사람이라는 것을 늘 인식했고, 노사관계에도 이런 믿음을 반영했습니다. 산업혁명 이후에는 퀘이커들도 가게 운영 수준을 넘어서는 사업을 하게 되었습니다. 철강공장, 유리공장, 화학처리공장 등을 세웠고, 보험회사, 대형은행, 호텔 등의 소유주가 되었습니다. 그러나 사업이 크게 성장했다고 해도 그들은 언제나 모든 사람들이 평등하다는 신념을 잊지 않고 높은 수준의 노사관계를 유지했습니다.

영국에서는 캐드버리Cadbury, 프라이Fry, 로운트리Rowntree 라는 세 퀘이커 집안이 각자 코코아와 초콜릿을 만드는 공장을 세웠고, 나중에는 시범적 공동체를 설립해 직원들이 쾌적한 도시 교외에서 일하고 생활하면서 한 걸음 앞선 사회적 혜택을 누리도록 했습니다. 이처럼 큰 규모의 사회 계획이 미국에 도입된 적은 없지만, 퀘이커 고용주들은 근로자들에게 다양한 혜택을 주고 이익을 공유하는가 하면, 근로자들로 하여금 그들이 일하는 작업장과 작업과정을 직접 관리하도록 하는 등의 새로운 시도들에 관심을 쏟고 있습니다. 초기 노동운동사를 보면 퀘이커 사업가들이 경영진과 노동자들 사이의 의사소통에 노동조합이 필수라는 인식을 갖고 있었음을 알 수 있습니다. 노사 간 단체협상도 퀘이커 사무 모임에서 늘 추구해온 합의 과정과 다를 바 없다고 본 거죠. 이렇게 보면 협상이란 서로 다른 관점들로부터 환히 비춰지는 해법을 도출하거나 그 관점들을 종합하는 방법이 됩니다. 결과적으로 대부분의 경우에 퀘이커 사업체에 근무하는 직원들은 굳이 파업을 벌이지 않아도 좋은 근무조건을 얻어낼 수 있었습니다.

1951년 영국 로운트리 집안의 어른 중 한 분이 미국 퀘이커 사업가들이 모인 자리에서 노사관계에 대해 연설한 적이 있습니다. 바람직한 노사관계에 대해 그는 드높은 이상주의와 냉혹한 현실을 모두 고려하는 지극히 퀘이커적인 결론을 내렸습니다.

"사업을 효율적으로 운영하고 낭비를 최소 수준으로 줄이는 일은 매우 중요합니다. 낭비가 일어나는 가장 큰 원인은 노사 간에 협력적 관계가 부족한 데 있습니다. 우리들은 모든 구성원이 자기 자신의 일을 하듯 열심히, 그리고 현명하게 일할 수 있도록 하는 데 목표를 두어야 합니다. 원래 '노동' 같은 것은 존재하지 않는다는 것을 기억하십시오. 근무 인력들은 서로 다른 성격을 가진 개인들로 이루어져 있습니다. 우리들과 마찬가지로 그들 역시 격려와 질책, 분노와 의심, 그리고 충성심과 정성을 민감하게 의식합니다. 사랑 없이도 일을 잘 처리할 수는 있겠지만, 사랑 없이 사람을 잘 상대할 수는 없습니다. 소중한 꿀벌을 마구잡이식으로 다룬다면, 당신은 꿀벌을 해칠 뿐만 아니라 꿀벌로 인해 상처를 입을 겁니다. 사람에 대해서도 마찬가지입니다."

성공은 경쟁보다 협력하는 마음에서

이런 생각들이 단순해 보이나요? 순진한 생각이라고요? 현실에서는 쓸모가 없다고요? 아마도 직원들의 잦은 이직과 거기서 발생하는 높은 비용으로 고생하는 기업주들에게는 그렇지 않을 겁니다. 실제로 많은 퀘이커 사업체들은 수익성과 사회적 책임을 다하는 것이 양립 가능할 뿐만 아니라 오히려 상호의존적이라는 것을 증명해왔습니다. 오늘날 대기업들은 점점 더 손익계산에만 몰두하고 있습니다. 고객에 대해 책임을 지기보다는 주주들에게만 책임감을 느낍니다. 자기들로 인해 조성된 대중의 평판은 무시하고 손익계산서 맨 아래의 숫자를 통해서만 성공을 보여주려 합니다. 반면 퀘이커 사업 모델은 경쟁의 필요성을 인정하면서도 협력을 더 추구합니다. 퀘이커 사업가들은 회사 직원들과 고객들을 경쟁상대로 보기보다는 파트너로 봅니다. 내가 고용한 직원들, 물건을 판 고객들, 내가 사는 지역사회, 그리고 무엇보다 나 자신의 양심에 대해 책임을 져야 한다는 것을 잘 알고 있습니다. 이 모든 것들이 합쳐져 좋은 시민, 좋은 기업가를 만든다는 것은 놀랄 일도 아니지요.

규산소다, 황산마그네슘(엡솜염) 및 기타 화학물질을 만드는 필라델피아 석영회사Philiadelphia Quartz Company라는 곳이 있습니다. 1833년 우리 친척인 엘킹턴과 에번스 집안사람들이 설립한 회사로, 그 후손 가운데 몇몇은 아직도 이 회사에서 일합니다. 아주 오랫동안 이 회사는 퀘이커 기업의 전형이었습니다. 1920년대에 모든 이는 평등하다는 것을 강조하기 위해 제일 아래 직급부터 사장에 이르기까지 모든 구성원이 호칭을 빼고 이름의 약자만 부르기로 하였습니다. 이름 첫 자를 따서 직원들에게 T.W.E.라 불린 사장을 포함하여 모두가 똑같은 상여금을 받았습니다. 회사 이사회는 직원들이 배우자 사망으로 과부나 홀아비 처지가 될 경우에 쓸 기금을 조성했고, 미국에 사회보장제도가 도입되기 훨씬 이전에 '노동예치기금'을 마련하여 은퇴한 직원들에게 연금을 지급하였습니다. 또 종업원 이익배당제가 일반화되기 훨씬 전에 이 제도를 도입해서 모든 구성원이 회사 이익에 기여하도록 고무했습니다. 회사가 발송하는 모든 편지에는 "존경하는 친우 아무개 씨"라고 적었는데, 이 문구는 회사 설립 100주년을 기념하는 책자의 제목이 되기도 했습니다.

사람들은 자신이 신뢰하는 이들로부터 물건을 사고 그렇지 않은 이들에게서는 사기를 꺼리는 법인데, 참된 이익이란 바로 여기서 실현됩니다. 따라서 자신의 제품에 대해 잘못된 광고를 하는 것은 고객과 맺은 무언의 약속에 치명적 손상을 가하는 일입니다. 마찬가지로 기업주가 직원들에게 한 약속을 어기거나 거꾸로 직원이 기업주에게 거짓말을 하고 회사 물건을 빼돌린다면, 신뢰가 사라진 그 자리에는 의혹과 적대감만 만연할 것입니다. 그와 달리 당신이 직원들을 공정하게 대한다면 직원들의 충성심을 얻을 것이고, 또 사업 파트너를 정직하게 대한다면 그들 역시 미래에도 계속 당신과 사업을 같이하려 할 것입니다. 고객들도 마찬가지입니다. 당신이 고객에게 질 좋은 상품과 서비스를 제공한다면, 그들도 계속해서 당신의 물건을 구매할 것입니다. 더 큰 이익을 더 빨리 얻으려 하면, 이런 기본 원리가 눈에 잘 들어오지 않습니다. 그러나 오늘날에는 사업을 평가하는 주기가 너무 짧아져서 회사 경영진들은 어떤 대가를 치르고라도 매 회계분기마다 이익을 내야 한다는 중압감에 시달리고 있습니다. 많은 회사들이 높은 이직률과 변덕스런 고객으로 고생하는 것도 이때문임을 생각하면 그리 놀랄 일이 아닙니다.

퀘이커의 삶과 믿음에 대한 지침서로 계속 중쇄를 찍고 있는 『신앙 및 실천에 관한 책자』*The Book of Faith and Practice*는 회사의 사업 전략을 단순한 몇 마디로 정리합니다. "사업에 종사하는 모든 이들은 우애와 봉사의 마음으로 상대방을 이익을 취해야 할 적대적 투쟁의 대상이 아니라, 자신의 지역사회에 봉사하는 공통의 목적을 가진 동반자로 여겨야 한다."

이런 말은 21세기의 언어가 아닌 것처럼 들리기도 합니다. 하지만 세기를 거치면서 퀘이커 사업가들은 이 권면을 충실히 따랐고, 또 이 말이 맞는다는 것을 체득하였습니다. 미래를 생각해보건대, 앞으로는 상거래가 점점 더 비인간화될 것이 분명합니다. 작은 동네 가게에서 물품을 구매하기보다는 대형 체인점에서 구매하는 경우가 더욱 많아질 것이고, 우편 주문이나 인터넷 주문도 더 보편화될 겁니다. 하지만 그 외양이 아무리 바뀌어도 바탕에 놓인 인간적 요소는 변치 않을 것입니다.

비인간적 방식의 빠르고 복잡한 현대 비즈니스의 속성은 퀘이커 사업 성공의 근간이 된 단순하고 인간적인 가치들을 거의 고려할 필요가 없는 것처럼 보이게 합니다. 하지만 그렇지 않다는 증거들도 많습니다. 명망 있는 경영대학원들에서 비즈니스 윤리를 가르치고 있는 것도 그러합니다. 윤리를 실천하는 것이야말로 좋은 비즈니스라는 원리를 주류 사회가 받아들이고 있는 증거라고 할 만합니다.

사업주로서 우리는 여전히 혼자만의 힘으로 일상에서 부딪치는 도전들, 곧 우리의 양심과 지조와 정직성과 공정을 시험하는 일들을 극복해야 합니다. 법적인 의무가 아닌데도 직원에게 건강보험을 제공해야 할까요? 회계업무 같은 일에서 무슨 창의력을 발휘할 수 있을까요? 불경기 중에도 계속 직원을 안고 가야 할까요, 아니면 각자도생하라고 말해야 할까요?

직원으로서 우리는 자신이 하는 일에서 의미를 찾고 그 일에 자부심을 가져야 합니다. 고객을 아무렇게나 대할까요, 정중하게 대할까요? 내가 제공하는 상품과 서비스를 조심스럽게 다룰까요, 대충 처리할까요? 매일의 업무에서 내 안에 있는 최선의 것을 발휘할까요, 아니면 최악을 보여줄까요?

또한 고객으로서 우리는 자신이 가진 돈의 힘에 대해 책임감을 느껴야 합니다. 대형 체인점의 할인 혜택을 기꺼이 포기하고 동네의 작은 책방이나 철물점을 돕고 있나요? 종업원을 혹사하는 공장에서 나온 옷을 사 입고 있나요? 환경보호 법규를 번번이 위반하는 회사의 제품을 구매 혹은 불매함으로써 어떤 메시지를 주고 있나요?

우리는 출근부에 도장을 찍을 때마다, 지갑의 돈을 쓰거나 신용카드를 사용할 때마다, '우리의 삶으로 이야기할' 기회를 얻고 있는 것입니다. 당신은 무엇을 말하고 싶은가요?

9

교 육

EDUCATION

철학자이자 교사였던 플라톤은 2천 년도 넘는 옛날에 "어느 방향으로 교육을 시작하는가에 따라 그 사람의 미래 삶이 결정될 것"이라고 적었습니다. 아마도 오늘날의 거의 모든 부모들이 그 말에 전적으로 동의할 겁니다. 부모들은 학교에서 아이들에게 일어나는 일들이 이후에 아이가 어떤 어른으로 자라날지를 결정한다고 믿습니다. 그래서 부모들은 열심을 다해 아이들의 학교생활에 참여합니다. 시간을 내어 학교의 여러 위원회에 참석하고, 도서관에서 일을 돕고, 축구나 야구 팀 코치로 봉사하는가 하면, 야외학습을 갈 때는 아이들과 동행하기도 합니다. 많은 사람들이 교육 문제는 너무 중요해서 선생님들에게만 맡겨놓을 수 없다고 느낍니다. 하지만 무엇이 좋은 학교이고 가치 있는 교육인지에 대해서는 의견이 제각각이어서 합의에 이르기가 쉽지 않습니다.

좋은 학교를 만드는 것은 무엇일까요? 내게는 좋은 학교란 것이 너무나 분명해 보입니다. 늘 스스로를 돌아보고 개선해 나가며, 아이들을 가르치고 격려하는 능력에 있어 더욱 지혜를 갖추고자 하는 학교입니다. 세상을 더 나은 곳으로 만드는 데 기여할 좋은 사람을 키워내는 학교가 좋은 학교이며, 생각과 이상이 마치 동전을 주고받는 것처럼 학교 안을 매일 순환하는 곳이 좋은 학교입니다.

최선의 것을 이끌어내는 교육

좋은 학교를 오로지 재학생들의 평균 시험성적으로만 판단하는 것은 핵심을 놓치는 일입니다. 학교는 교과과정으로 가르칠 수 없는 것까지 교육할 수 있습니다. 아이들을 교양 있고 확신에 차고 인간미 넘치며 이웃을 사랑할 줄 아는 어른으로 만드는 것은 다름 아닌 학교의 영혼입니다. 학교가 지닌 무형의 품격, 기질, 교육원칙, 오래도록 지켜온 생활습관, 학교에서 얻는 감동, 학교가 장려하는 노력, 그리고 학교가 가진 도덕적 권위 등이 바로 그것입니다. 아이들을 가르치는 데는 벽돌 덩

어리와 책이 아니라 학교가 필요합니다.

내가 생각하기에 모든 좋은 학교는 좋은 친구나 가족이 그렇듯이 다 똑같다고 말해도 좋을 것 같습니다. 누구든 퀘이커 학교에 와보면 학생들과 선생님들이 만들어내는 활기차고 온화하며 개방적이고 자신감 있는 분위기 때문에 퀘이커 학교 안에 들어왔다는 것을 금세 알아차릴 거라 생각합니다. 물론 공립이건 사립이건 좋은 학교라면 어느 곳이나 같은 분위기를 풍깁니다. 좋은 학교에서는 선생님과 학생들이 합심하여 진리를 찾아나가는 일에 매진합니다. 퀘이커들이 말하는 '지속적 계시'이지요.

학생들은 매일 열의에 찬 마음으로 학교에 옵니다. 교사들과 직원들은 그런 아이들을 지도하고, 질문에 응대하고, 가르치고 또한 배우기 위해 그곳에서 근무합니다. 그들은 학생들이 기대에 부응하리라는 것을 알기에 높은 기대감을 가지고 아이들을 대합니다. 훌륭한 선생님은 학생들의 지적 능력을 향상시키기 위해 고심하는 만큼이나 아이들이 인간됨의 조건에 대해서도 감수성을 갖도록 애쓰며, 우리의 가장 개인적인 선물, 각자의 내면에 있는 선물을 값진 목표를 위해 넉넉하게 쓸 수 있도록 돕습니다. 좋은 학교가 가장 우선시하는 목표는 학생들 각자가 가지고 있는 최고의 것을 찾아 그것을 잘 쓸 수 있게끔 하는 것입니다.

아이들을 교육하는 것은 여러 가지 면에서 몇 세대 전보다 훨씬 어려워졌습니다. 학생들은 학교에 올 때 책가방과 더불어 교육 능력에서 결코 뒤지지 않는 미디어 문화를 함께 가지고 옵니다. 텔레비전, 영화, 광고, 대중음악 등에 초점이 맞춰진 미디어 문화는 종종 마약, 문란한 성생활, 여성혐오가 내포된 생활스타일을 부추깁니다. 그것은 우리의 이상을 게걸스럽게 먹어치우며, 능란한 솜씨로 보잘것없는 물질을 숭배하도록 만듭니다. 또한 아이들에게 참된 사고 습관을 갖지 못하도록 유혹하며, 자신에게만 몰두하거나 물질만능주의에 빠지게 합니다.

교육자들은 교실 안팎에서 이루어지는 모든 활동에서 매일 이런 미디어의 유혹적 효과와 싸우느라 바쁩니다. 그러는 와중에도 어린 학생들의 개방성과 열의에 여전히 감명을 받고는 합니다. 교사들은 학생들이 학습을 돕는 좋은 습관들로부터 멀어지기 쉬운 만큼이나 천부적으로 낙천성과 이상적 꿈을 간직하고 있다는 것을 알고 있으며, 우리 세대보다 훨씬 더 주변 환경에 민감하고, 새로운 생각에 대한 열린 태도와 타인에 대한 관용의 마음을 갖고 있다는 것을 잘 압니다.

최근 몇 년 간 우리 사회에서는 학교들을 어떻게 개선할지를 둘러싸고 격렬한 논쟁을 벌였습니다. 나는 좋은 학교라면 모름지기 아이들의 지적 성장만큼이나 도덕적 성장도 중요하다는 것을 인식해야 한다고 믿습니다. 몇몇 교육자들이 참교육이라 할 수 있는 것은 오로지 도덕 교육뿐이라고 말하는 것과 같은 의미입니다. 퀘이커 학교 선생님들의 목표는, 학생들이 학교를 졸업하고 성인들의 세계로 들어갈 때 생각과 말이 아닌 '자신의 삶으로' 말하겠다는 소망을 마음 가득 채우는 것입니다. 퀘이커 아닌 교육자들도 표현은 약간 다를지언정 같은 관심을 가지고 있음을 알 수 있습니다. 가령 과거에 가르쳤던 학생을 설명하면서, 그 학생이 사회에 도움 되는 쓸모 있는 구성원으로서 모범적인 부모이자 따뜻하고 이해심 많은 이타적 인물이 되었다고 자랑스러워하는 것을 보면 특히 그러합니다.

우리는 그저 학생이 학문적 기량을 잘 갖춰서 원하는 대학에 진학하거나 좋은 직장에서 전도유망한 길을 걷는 것에 관심을 집중해서는 안 됩니다. 정규교육은 일생에 걸친 배움과 행함의 출발점이 됩니다. 그러므로 좋은 학교와 선생님이라면 어떻게 학생들이 실제 삶에서 자신들이 배운 것을 적용해 가는지에 대해 관심을 기울입니다.

나를 만들어준 선생님들

이제 은퇴하여 되돌아보니, 학생들이 아이로부터 어른으로 커나가는 결정적 시기에 그들을 이끈 교사 시절이 내 삶에 있어서는 가장 풍요로운 시기였던 것 같습니다. 그 과정에서 나는 학생을 가르치는 만큼이나 스스로 많이 배우기도 했다는 것을 깨닫습니다. 어린 학생들이 성숙하게 자라날 수 있는 일상의 기초를 만들고 가치관을 형성하는 데 일조했던 일이 내게는 누구의 경우보다 의미 있고 유용하며 흥미로운 경험이었습니다.

내가 교육에 대해 나만의 생각을 갖게 된 때는 책을 사랑하고 배움을 좋아하던 사람들을 만난 어린 시절로 거슬러 올라갑니다. 나는 가족 모두가 매일 열심히 책을 읽는 가정에서 자랐습니다. 스토크스 할아버지는 고전을 좋아해서 기차여행 때마다 라틴어로 된 시를 읽었습니다. 19~20세기 영국과 미국의 작가들을 좋아한 우리 아버지는 '소요가들'Ramblers이라 이름 붙인 무어스타운의 한 독서토론회의 회장을 오랫동안 맡기도 했습니다. 이 독서토론회는 작가들을 회원의 집으로 초청해서 그들 작품에 대해 이야기하고 토론하곤 했습니다. 내가 어렸을 때 퓰리처상을 수상한 시인 칼 샌드버그와 저녁식사를 함께한 적도 있었는데, 부모님께는 꽤나 큰 사건이어서 한동안 이 일에 대해 자랑스럽게 말하곤 했지요. 시인이자 소설가로 역시 퓰리처상을 받은 스티븐 베네Stephen Vincent Benét, 1898~1943와 퓰리처상은 물론 노벨문학상에도 여러 번 추천된 에드윈 로빈슨Edwin Arlington Robinson, 1869~1935도 독서토론회의 초청으로 우리 집에 와서 식사를 같이했는데, 비록 이분들의 책을 읽지는 않았어도 그들이 어린 내 마음속에서 나만의 영웅으로 자리 잡았다는 것은 두말할 필요가 없을 겁니다.

십대 청소년기가 되어서는 아버지에게 반항하느라 나 스스로 읽고 싶은 책을 고르기는 했지만, 그래도 아버지는 늘 우리가 읽기를 바라는 책들을 권했고, 아버지의 어휘와 문학에 대한 사랑은 아주 전염성이 강했습니다. 아버지는 특히 찰스 디킨스의 소설 『피크위크 클럽의 기록』을 좋아했는데, 할머니가 수채화로 그린 피크위크 씨의 초상은 내가 기억하는 가장 오랜 기간 동안 우리 집 거실의 가장 좋은 자리에 걸려 있었습니다.

어렸을 때는 나도 선생님들로부터 많은 영감과 격려를 받았으며, 그분들 덕분에 겸손함을 갖추게 되었습니다. 초등 3학년 때 미스 월드먼 선생님은 현명하지 못하게도 내가 학급에서 가장 뛰어난 학생이라 말했고, 그 칭찬에 나는 몇 년 동안 얼마나 기분이 좋았는지 모릅니다. 반면 6학년이 되어서는 좀 힘들었던 기억이 있습니다. 미스 스완 선생님은 학교에서 최고의 선생님으로 평가받았지만 또한 가장 엄한 분이기도 했습니다. 메인 주 파밍턴 출신인 선생님은 허튼소리 하는 것을 용서치 않았습니다. 어느 날 퀘이커 모임의 교육위원회 간사였던 할아버지가 우리 반을 방문하러 학교에 온 적이 있습니다. 스완 선생님이 지리에 대해 간단한 구두시험을 보려 했지요. 나는 지리를 좋아했고 잘하기도 했습니다. 또 할아버지에게서 똑똑하다는 칭찬을 받고 싶기도 했지요. 할아버지 앞에서 나를 잘 보이게 하려고 선생님은 내게 가장 먼저 질문을 던졌습니다. "오리건 주의 주도가 어디지요?" 유감스럽게도 나는 답을 몰랐습니다. 나는 진땀을 흘리기 시작했습니다. 선생님은 내게 정답을 말하도록 쿡쿡 찌르며 힌트를 주기까지 했는데, 나는 점점 더 헷갈렸습니다. 정말로 절망감이 가득 밀려왔습니다. 지금까지도 나는 오리건의 주도와 이름이 같은 세일럼Salem 담배 광고판을 지나칠 때마다 신음소리를 냅니다. 하지만 이 사건은 내 지적 자만심을 무너뜨렸고, 좋은 학생이 되는 것은 어느 날 갑자기 되는 게 아니라 정말 열심히 노력해야만 되는 일임을 일깨워주는 교훈으로 내게 남았습니다.

사상의 세계로 나를 이끈 분은 7학년 곧 중학교 1학년 때 라틴어를 가르쳤던 미스터 워트 선생님입니다. 우리가 율리 우스 카이사르의 『갈리아 전쟁기』를 라틴어에서 영어로 번역하느라 골몰할 때 선생님은 이 책의 주제인 권력과 올바름, 로마제국 확장의 밝고 어두운 측면, 리더십, 도덕성, 노예제에 대한 시각, 고대의 노예 처우 등을 이야기하느라 곁길로 빠지곤 했습니다. 워트 선생님의 수업은 나로서는 처음으로 옳거나 틀린 답이 없는 큰 질문들을 다루는 시간이었습니다. 이 수업이 내 마음을 자유롭게 했고, 단순히 암기하거나 계산하는 대신 '생각'이라는 것을 하게 만들었습니다.

컬럼비아 대학교 대학원생이 되었을 때는 마크 반 도렌, 라이오널 트릴링, 자크 바전, 조셉 크루치 같은 교수들의 강의에 빠지지 않고 참석했습니다. 이 훌륭한 사상가와 스승들은 내가 대학에서 영문학 교수가 되어 그들을 닮겠다고 몇 년 동안 계획할 만큼 큰 영향을 내게 주었습니다. 하지만 나는 박사학위 과정을 끝내지는 못했습니다. 시간강사에 소소한 행정업무를 하며 버는 쥐꼬리만 한 수입으로는 두 아이를 키우고 곧 셋째가 태어날 상황에서, 학위에 필수적인 구두시험을 준비하기 위해 아무런 방해 없이 공부에만 전념할 시간을 확보하기가 어려웠습니다. 그러던 중에 컬럼비아 대학 학부 행정처에서 좋은 자리를 제안했습니다. 불확실한 앞날로 낙담하고 있던 나는 지도교수이자 영문과 주임교수인 마저리 니콜슨 교수를 찾아갔습니다. 니콜슨 교수는 덩치가 산만 한 여자분인데, 학자로서뿐 아니라 건실하고 공감어린 판단력을 갖춘 분으로 유명했습니다. 그녀는 내가 관심을 갖고 공부하는 17세기의 유력 인물들이 공공의 선을 위해 봉사한 학식 있는 학자들이기도 했다는 점을 상기시켜 주었습니다. 내게 부학장 자리를 수락하라고 하면서 "여기서 배운 것을 가지고 세상에 값진 기여를 하게 될 것"이라고 말했습니다. 니콜슨 교수의 충고에 따라 나는 학교 행정의 길로 들어서기로 결심했습니다.

퀘이커 학교로 가다

우리 삶을 되돌아보면 외견상 우연하게 일어난 일로 인해 삶의 행로가 바뀌는 경우를 다들 겪어보았을 겁니다. 우리는 남편 또는 아내가 될 사람과 우연히 만난 일에 대해, 또 폭탄이 떨어진 지점을 우연히 피할 수 있었던 데 대해 경탄합니다. 선생님이나 친구 또는 친척이 너 자신에 대해 생각을 달리 해 보라고 한 말 때문에 인생 항로를 바꾸었을 수도 있습니다. 어떤 이들은 그것을 '운명'이라 부릅니다. 하지만 퀘이커들은 '길이 열린 것'이라고 생각합니다. 나의 길은 1964년 어느 날 열렸습니다. 나는 컬럼비아 대학의 경력직 교육행정가로 채용

되었습니다. 아내 엘리자와 함께 뉴욕에서 행복한 가정생활을 꾸려나갔고, 세 아이 모두 맨해튼에서 태어나 좋은 학교에 다니게 되었습니다. 그러던 어느 날 뉴욕에서 필라델피아로 가는 기차 안에서 사촌형 헨리 스캐터굿을 우연히 만났습니다. 나보다 열다섯 살 위인 헨리 형은 여러 해 동안 미국 최고의 퀘이커 학교 중 하나인 필라델피아 근교의 저먼타운 프렌즈 스쿨 교장으로 일하고 있었습니다.

"자네 혹시 알고 있나?" 헨리 형이 물었습니다. "시드웰 프렌즈 스쿨에서 새 교장을 찾는다고 하더군. 교장으로 퀘이커 교도를 찾는다는데, 시드웰은 내가 처음 가르친 학교로 아주 좋은 곳이지. 자네가 그 자리에 안성맞춤일 것 같은데 한번 지원해 보지 않으려나?"

이렇게 하여 1965년 가을 나는 워싱턴 DC에 있는 시드웰 친우학교 교장이 되었습니다. 그리고 이후 13년 동안 그곳에 나의 모든 것을 쏟아 부었습니다. 어떤 일을 어떻게 처리할지에 대해 갖가지 아이디어를 짜냈으며, 학생들과 교사들을 매일 가까이 대하면서 일하는 것도 좋았습니다. 1940년대에 나는 군에 입대한 후 내가 다닌 무어스타운 친우학교의 체스터 레이건 교장선생님께 편지를 쓴 적이 있습니다. 편지에서 나는 학교란 곳이 나를 끌어당겨 더 좋은 일을 하도록 만들기보다는 운동장에서 공차는 데 시간을 허비하도록 내버려둔 것 같다고 썼습니다. 그분에게 말씀드리지 못한 것은, 훗날 어떻게 해서라도 학교 교장이 되기로 결심했다는 사실이었지요. 그 뒤로 여러 해가 흐르고 삶의 방향을 바꿔 시드웰 학교까지 왔을 때, 내 마음은 사명감은 물론이고 꿈이 이루어졌다는 기쁨으로 가득 찼습니다.

또한 나는 퀘이커 교육의 훌륭한 전통을 이어가야 한다는 사실도 의식했습니다. 1668년이라는 이른 시기부터 "남녀 젊은이들에게 무엇이든 문화적이고 유용한 것들을 가르치기 위해" 퀘이커 학교를 세워야 한다고 주장한 조지 폭스의 광대한 비전에까지 거슬러 올라가는 전통이었습니다. 퀘이커들은 여자들도 남자들과 똑같이 문자를 해득할 수 있어야 한다고 믿었고, 남녀 모두 봉사의 삶을 살아가기 위한 바탕으로 튼실한 기초교육이 필요하다고 보았습니다. 남녀공학 학교를 가장 먼저 세운 것도 퀘이커인데, 그것은 그들이 교육이론에 밝아서가 아니었습니다. 교실에서 남녀 다른 성을 가진 사람들이 서로 어울리는 것이 당연하다고 보았고, 배움을 위한 최상의 환경을 만들어 나중에 지역사회나 가정에 성숙한 사람으로 참여토록 해야 한다고 본 것이지요.

17세기 말 영국 식민지였던 미국 땅에는 세 개의 남녀공학 퀘이커 학교가 있었는데, 이 학교들은 지금도 활기차게 운영되고 있습니다. 조지 폭스는 각각의 모임마다 학교를 세우자고 제안했고, 1750년까지 세워진 퀘이커 초중고 학교의 숫자는 지금과 거의 맞먹을 정도가 되었습니다. 퀘이커들은 모든 인간이 평등하다고 믿었기에, 아무것도 가진 게 없는 흑인들, 해방노예들, 인디언들을 위한 학교도 세웠습니다. 그리고 대학이 그 다음의 관심사가 되었습니다. 19세기에 해버퍼드 Haverford, 얼햄 Earlham, 스워스모어 Swarthmore 칼리지가 퀘이커 대학으로 출범했고 이후 7개 대학이 추가로 설립되었습니다. 퀘이커가 운영하지는 않았지만 코넬 대학교, 존스홉킨스 대학교, 브린모어 칼리지 Bryn Mawr College 같은 명문 대학이 개별 퀘이커교도에 의해 설립되었습니다. 모든 퀘이커 학교의 공통된 사명은 있는 그대로의 사회를 위해서가 아니라 앞으로 이룩될 사회를 위해 학생을 교육한다는 것이었습니다.

이러한 높은 이상 때문에 나는 격변의 1960년대에 심각한 문제에 직면하게 되었습니다. 생각이 깊은 사람이라면 언제나 사회를 개선할 필요성에 대해 동의하듯이, 퀘이커들은 역사적으로 사회적 불의에 대해 공식적 반대의사를 표명하곤 했습니다. 그러나 내가 시드웰에서 일하기 시작한 초기 10년 동안 잘못된 것에 반대할 권리는 새로운 국면을 맞게 되었습니다. 1960년대의 소란스런 사회분위기 속에서 학생들은 물론 선생님들마저 오래된 진리에 대해, 모든 권위에 대해, 그리고 베트남전에서부터 자습시간에 이르는 갖가지 사회적, 학문적 사안에 대해 격렬히 도전했습니다.

핵심은 달라지지 않았으나 모두가 그 세부를 놓고 논쟁했습니다. 교장 재임 초기부터 나왔던 논쟁은 교복에 관한 것이었습니다. 당시 남학생들은 늘 양복상의를 입고 넥타이를 매야 했으며, 여학생들은 치마나 드레스를 입어야 했습니다. 머리도 단정히 해야 했고, 남학생들은 짧게 깎아야 했습니다. 그런데 이런 복장 규정이 양심의 자유를 침해할뿐더러, 이론적으로는 개인주의의 수호자인 퀘이커 학교에서 위선적 규정이라는 비난이 갑자기 가해졌지요. 나는 현상유지 의견을 고집했는데, 이 논쟁이 학교 운영에 있어 더 중요한 사안들을 방해한다는 것을 깨닫고서야 마음을 바꾸었다고 고백합니다. 당시에 나는 단정한 복장에 깃들인 절제심이 질서정연한 사고를 하는 데 도움이 되고, 공부에 대해 더 진지한 태도를 갖게 한다고 보았습니다. 대다수 학생들과 교사들, 그리고 많은 학부모들과는 다른 생각이었지요.

오늘날 복장 규정 따위는 과거의 유물이 되었습니다. 하지만 나는 아직도 학생들의 복장에 일정한 규정이 있는 게 좋다고 믿습니다. 십대들 대부분이 옷이나 머리모양을 중요한 자기표현 형식이라 여기지만, 퀘이커들은 전통적으로 옷보다는 행동으로 내면의 자아를 드러내야 한다고 강조해왔습니다. 자신의 정체성으로 밖으로 드러내는 데 과도하게 투자하는 것은 요즘 같은 시대에는 하나의 유혹이 아닐 수 없습니다. 하지만 학생들이 패션에 대해 목소리 높여 떠드는 동안 우리 내면에서 나오는 고요한 목소리는 쉽게 묻혀버릴 겁니다.

모든 퀘이커 학교가 주 1회 여는 필수적 행사인 예배 모임에 의무적으로 참석하는 것이 어느 날 갑자기 일부 학생들에게 개인의 자유를 침해하는 일로 보였나 봅니다. 학생들은 이런 일부 필수과목을 폐지하고 베트남전에 대한 세미나로 바꾸자고 요구했습니다. 그래서 우리는 몇 번 세미나를 열었습니다만, 어떤 수업도 폐지하지는 않았습니다. 주 1회의 퀘이커 모임도 계속했는데, 모임 중에 나는 가장 반항적인 학생들이 종종 가장 유용하고 통찰력 있는 발언을 한다는 것을 알게 되었습니다. 그 시절 공부했던 많은 학생들이 최근 들어 내게 말하기를, 퀘이커 예배 모임이 학교에 다니면서 얻은 가장 값진 경험이었다고 합니다. 모임에서 학생들은 약 40분에 걸쳐 침묵 속에 잠긴 채로 함께 묵상하고 기도하고 안절부절 꼼지락거리면서 내면의 메시지와 직접 목격한 사실들을 공유하곤 했습니다. 나는 그들이 바쁜 일상 속에서도 여전히 시간을 내어 조용히 묵상할 기회를 찾고 있을 것이라고 생각합니다.

교장에 부임한 후 내가 일찌감치 알게 된 또 하나의 사실은, 때때로 리더는 어떤 요구들에 대해 힘든 결정을 내리거나 거부의사를 분명히 해야 한다는 것입니다. 대다수 사람들에게는 이런 것이 너무 당연해서 말할 필요도 없는 일이겠지만, 퀘이커들은 서로에게 '안 된다'는 말을 거의 하지 않습니다. 어떤 요청에 대해서든 양보를 하거나 중간 정도에서 타협할 수 있다고 보기 때문입니다. 교장직을 수락했을 때 나는 특혜를 원하는 요청을 많이 받았습니다. 교사들은 안식년 기간을 변칙적인 방식으로 사용하면 안 되겠느냐고 요청했고, 학생들은 학칙을 어기고서는 통상의 처벌을 면제하거나 완화해주기를 원했습니다. 하지만 최종적 의사결정을 해야 하는 자리에 있다 보니, 나 역시 각 개인의 필요와 성장에 대해 관심을 가지고 있었음에도 어떤 한 사람의 바람보다는 학교공동체 전체를 이롭게 하는 것이 더 중요하다는 것을 깨닫게 되었습니다.

1960년대는 학교 교장으로 일하기에는 매우 버겁고 중압감이 많은 시기였습니다. 하지만 이런 시기에 학교를 이끈 것은 매우 감사한 일이기도 했습니다. 그 시대처럼 이상주의와 낙관주의가 학생들과 교사들에게 널리 퍼져 있었던 적은 이

전에도 이후에도 없었습니다. 당시 우리 학교를 거쳐 간 나의 세 아이들을 포함한 훌륭한 젊은이들에 대해 자랑스러운 마음이 가득합니다.

퀘이커 교육에서 배울 수 있는 것들

오늘날 퀘이커 학교의 학생들 가운데 퀘이커교도는 소수에 불과합니다. 또 퀘이커 학교에 입학 허가를 받기 위한 경쟁도 무척 심합니다. 퀘이커 교육이 왜 이렇게 높이 인정받게 된 것일까요? 퀘이커 학교가 일반 공립학교 운영에 어떤 가르침을 줄 수 있을까요?

내가 보기에 가장 중요한 점은, 퀘이커 학교들이 더 나은 학교공동체가 되기 위해 늘 의식적으로 많은 노력을 기울이고 있고, 또 학교 구성원 모두가 그것을 자각하고 이 과정에 참여한다는 것입니다. 바로 이 과정에서 학생들에게, 또 교사와 학부모들에게 흥미롭고 전염성 강한 환경이 만들어집니다. 여기서 핵심적인 요소 하나는 학생들과 교사들 사이에 인종적, 종교적, 경제적 다양성을 유지하거나 증대해야 한다는 것입니다. 전혀 다른 삶의 경험이나 문화를 가진 사람들로부터 배우는 기회가 없다면 학교는 배타적이 되고 지적으로도 정체

됩니다.

또한 지적인 자극을 주는 환경이 되려면 남녀 학생이 한 교실 안에서 함께 공부하고 활동해야 합니다. 만일 인구의 절반을 대표하는 상대방 사람들이 없다면 우리는 생각을 열고 서로가 아는 것을 나눌 수 없습니다. 요즘 어떤 사람들은 남녀 학생들이 서로 관심을 끌기 위해 경쟁하거나 주의를 빼앗기는 일이 없도록 남학교와 여학교 제도로 돌아가자고 주장하기도 합니다. 하지만 나는 학교가 실제 세상의 삶을 준비하는 곳이라는 퀘이커의 시각에 한 표를 던집니다. 이제는 직장에서 남녀가 어울려 일하는 경우가 점점 늘어나고 있으므로, 학교가 이런 현실을 반영하여 남녀가 서로 경쟁하고 협조하기도 하는 이 사회에 잘 적응할 수 있도록 젊은이들을 준비시키는 것이 더욱 중요해졌습니다.

나는 또한 퀘이커 모임이 학생들에게 용기와 위안을 주는 커다란 원천이라 느낍니다. 그렇다고 해서 퀘이커 예배 모임을 공립학교들에 도입해야 한다고 제안하는 것은 아닙니다. 그러나 종교에 상관없이 얼마간의 침묵의 시간을 갖는 것은 와자지껄한 학교생활 속에서 학생들이 스스로 중심을 잡는 데 도움을 준다고 믿습니다. 퀘이커식 모임이든 단순한 침묵과 중심잡기의 시간이든, 이 시간은 모든 배움이 시작되는 순간으로 볼 수 있습니다. 이러한 침묵의 공유를 통해서 우리는 마음을 열고 내면의 자아가 들려주는 최고의 소리를 들을 수 있기 때문입니다. 이러한 학교 안의 모임에서 학생들은 한 주간의 마음 교육, 즉 자기 안에 있는 최고의 것을 깨닫는 실제적 경험을 얻는다고 생각합니다. 퀘이커 모임에서 학생들은 서로가 얼마나 비슷한지를 매주 재발견하는데, 이것은 다양한 배경의 학생들로 구성된 학교에서 얻을 수 있는 특별한 선물이기도 합니다. 30년 전 마틴 루터 킹 목사의 사망소식이 삽시간에 학교에 퍼졌을 때, 모든 학생이 다함께 조용히 체육관 마룻바닥에 앉아 침묵 속에서 슬픔과 놀라움을 나눈 적이 있습니다. 이후에도 슬픔이나 위기의 시간에 학생들은 모임에 참석함으로써 위로를 얻고는 했습니다.

이런 모임은 또한 자기 성찰과 공동체 중심적 생각을 하기 위한 시간이며, 주어진 시간을 활용해 공정하고 좋은 목표와 계획을 세우는 시간이기도 합니다. 이 시간을 종교적 수련으로 생각하지 말고 다만 참된 자아를 찾기 위해 바깥세상으로부터 떨어져 있는 시간이라 생각할 필요가 있습니다. 이런 시간을 갖는 것은 우리 모두에게 값진 일상의 훈련이 될 수 있습니다. 특히나 매일 밀려왔다 사라지는 사건들 속에서 끊임없이 정체성의 변화를 겪는 청소년들에게는 더욱 그러할 겁니다.

퀘이커 학교의 또 다른 특성은 모든 학년의 학생들에게 지역사회에 봉사토록 하는 것인데, 이미 이것은 다른 사립학교와 공립학교 교과과정에 포함된 것이기도 합니다. 무엇인가를 스스로 흡수하는 것은 청소년기의 특징입니다. 만일 학생들이 타인을 돕거나 자신들과는 다른 삶과 환경을 접하는 데서 얻는 체험적 경험이 없다면, 미국 대통령이든 교장선생님이든 봉사의 중요성을 아무리 얘기해봐야 별로 의미가 없을 겁니다. 지역사회 봉사는 많은 청소년들에게 도덕 교육의 초석이 될 수 있습니다.

열두 살이 된 내 손자 크리스토퍼는 요즘 자기 엄마와 함께 워싱턴 DC에 있는 '마사의 식탁'Martha's Table이라는 빈민구호 시설에서 음식을 준비하고 배식하는 일을 돕고 있습니다. 아이는 "일을 마치고 나면 남을 무척 많이 도운 것 같고 계속 남을 돕고 싶다는 마음이 들어서 그 일을 관두기가 싫어져요"라고 말합니다. 나는 손자가 계속 자원봉사에 흥미를 갖기를 바라고, 또 그러리라 믿습니다.

퀘이커 학교가 가진 또 다른 아이디어들도 공립학교에 제안할 만합니다. 대개의 사립학교는 나중에 공립학교 운영에 적용할 만한 새 아이디어들을 실험하는 장으로 이용할 수 있습니다. 퀘이커 학교들에는 '실험교육'이라 불리는 것이 있는데, 그것을 통해 새로운 교육법을 끊임없이 개발하곤 합니다. 대개의 사립학교는 규모가 작고 독립된 재정으로 운영되기 때문에, 교육 관료들의 시시콜콜한 간섭 없이 더 많은 융통성을 갖고 혁신적인 프로그램을 시도할 수 있습니다. 또 사립학교들은 학교를 경제적으로 실속 있게 운영하면서 이사회에 재무 상태를 자주 보고해야 하기 때문에, 어떻게 자금을 효과적으로 운용할지에 대해 공립학교들에 여러 가지 아이디어를 제공할 수 있습니다.

교과과정에 대해서도 나는 리버럴 아츠Liberal Arts 즉 교양과목이 지성 교육의 핵심이라고 생각합니다. 이 과목들은 사람들의 사고를 말 그대로 해방시켜liberating 줍니다. 그것이 '해방적인' 까닭은 우리들의 마음을 자유롭게 열어 창조적으로 생각할 수 있게 해주기 때문입니다. 인간이 글로 쓰고 사유한 최고의 것들을 읽고 공부하고 토론하는 것은, 우리에 앞서 나온 위대한 생각들이 발하는 빛에 우리 자신을 드러내는 것과 같습니다. 마크 반 도렌 교수는 내게 교육의 바이블과도 같은 『교양교육』Liberal Education 이라는 저서에서 "인간의 능력이야말로 교육이 완성시키고 싶어 하는 그것이다"라고 썼습니다. 퀘이커 학교들이 염치불구하고 더 나은 인재를 만드는 일에 매진하는 까닭은, 우리 모두가 더 명석하게 생각하고 자기 신념에 따라 단호하게 행동할 수 있는 능력을 완성할 수 있다고 믿기 때문입니다.

　이러한 이상을 충족하기 위해서 우리는 여러 아이디어로 교실을 생기 있게 유지해야 합니다. 그것은 또한 훌륭한 선생님을 뽑아서 그들을 통해 가르치는 것을 의미합니다. 아이들을 돕는 데 진정으로 정성을 다하는 지적이고 헌신적인 사람들에게 있어 가르치는 일은 정말 매력적인 직업입니다. 나는 선생님들에게 가능한 한 많은 급여를 지급해야 한다고 생각하지만, 그들이 받는 진짜 보상은 금전적인 데 있지 않습니다. 가르치는 일을 좋아하는 이들에게 가장 큰 보상은, 교실이라는 공간을 그들만의 배움과 생각의 용광로로 만들 수 있는 자율성입니다. 공립학교의 많은 선생님들이 이런 독립성과 자율성을 빼앗는 교과과정의 엄격한 요구사항 때문에 좌절하곤 합니다. 시드웰 학교 선생님들은 개인의 열정을 자유롭게 표출하는 일에서 제한을 받지 않으며, 자신이 맡은 과목의 주제 안에서 무엇을 가르치고 어떻게 그것에 접근할지 결정하는 일에서, 그리고 스스로 최선이라 생각하는 바대로 자신의 창조적 에너지를 사용하는 일에서 제약이 없습니다.

　내가 시드웰에 재직하는 동안 셰익스피어의 사극을 좋아하여 그것을 열정적으로 학생들과 나누던 고3 담당 여선생님이

한 분 있었습니다. 그 선생님도 학생들이 이 어려운 희곡을 읽는 것에 저항감이 크다는 것을 잘 알고 있었지요. 그래서 그분은 아주 독특한 방법을 택했습니다. 선생님 수업에서는 시험을 일체 없애버린 겁니다. 심지어 학기말 리포트도 없앴습니다. 학생들은 6개월 한 학기 동안 『존 왕』에서 『헨리 8세』까지 셰익스피어의 사극을 큰소리로 읽기만 했습니다. 여러 학생들이 내게 말하기를 그 수업이 여태껏 들었던 문학수업 중 최고였다고 하면서, 매일 3교시마다 셰익스피어의 사극을 직접 '실연'해보지 않았다면 셰익스피어가 그들에게 살아서 다가오지는 않았을 거라고 이야기하더군요.

가르치는 것은 세상에서 가장 어렵고도 중요한 일의 하나입니다. 배움에 대한 사랑을 전하는 데는 공식이 따로 없습니다. 여러 새로운 방법론이 있기는 하지만, 우리는 여전히 노련한 솜씨, 돌봄, 사랑, 인내, 시간 같은 오랜 덕목들에 의지할 수밖에 없습니다. 어린 사람들은 끊임없이 이어지는 어려운 선택들에 부딪힙니다. 교육자의 목표는 이런 학생들에게 올바른 결정을 가능한 한 자주 내릴 수 있는 자신감과 자기 이해를 갖도록 도와주는 것입니다.

교육받는다는 것은 사람들 모두가 일생 동안 매일 치러야 하는 유일한 과정입니다. 어른이 되어서야 비로소 깨닫는 것이지만, 학교교육은 배움의 시작에 불과합니다. 많은 학부모들이 간과하는 것은 교육이 집에서 시작해 집에서 끝나는 매일 매일의 종일 이벤트라는 것입니다. 시인이자 교육자였던 롱펠로는 "현명한 사람들과 마주 앉아 나누는 한 번의 대화가 그저 책을 10년 들여다보는 것보다 낫다"고 썼습니다. '마주 앉아 나누는 대화'가 가족과 함께하는 아침이나 저녁식사 자리에서보다 더 자주 일어나지는 않으며, '현명한 사람들'이 어머니나 아버지가 아닌 경우도 그리 흔하지는 않습니다. 부모는 모든 어린이의 첫 번째 선생님이며, 학교는 제아무리 훌륭한 학교라 해도 부모에게서 받은 최초의 가장 중요한 교육에 더해서만 학생들을 가르칠 수 있습니다.

10

가족

FAMILY

10월의 어느 날 오후, 샌프란시스코 금문교에서 몇 킬로미터 떨어진 북쪽에서 한 쌍의 남녀가 가족 친지들과 함께 뮤어 우즈Muir Woods라 부르는 커다란 삼나무들의 숲으로 들어갔습니다. 일행은 적당하게 생각되는 자리에 멈추어 섰는데, 그곳은 커다란 나무들로 둥그렇게 둘러싸인 작은 풀밭이었습니다. 나뭇가지들이 하늘을 향해 뻗어 있었고, 성당의 천장처럼 서로 얽혀 아치를 이룬 곳이었습니다. 나뭇잎 사이로는 햇빛이 들어와 어두운 바닥을 비춰주었습니다. 일행 모두가 거기 함께 서서 침묵에 잠겼습니다. 예배 모임이 시작되었습니다.

　　엘리자가 때가 되었다고 생각되자 나를 올려다보았고, 우리는 서로의 손을 맞잡았습니다. 약간은 긴장한 채 우리는 퀘이커 결혼에서 지난 3백 년 간 사용되었던 한 문장을 번갈아 읽었습니다. "하느님과 우리 가족과 친구들 앞에서 나 로버트는 당신 엘리자를(나 엘리자는 당신 로버트를) 나의 아내로(남편으로) 맞아들입니다. 나는 하느님의 거룩한 도우심을 받아 살아있는 동안 당신을 사랑하는 충실한 남편이(아내가) 될 것을 약속합니다."

나는 퀘이커교도가 아닌 나의 신부 손에 반지를 끼워주었고, 키스를 했고, 몇 분 더 침묵의 시간을 가진 후 친구 두 명이 성경과 셰익스피어와 도스토옙스키에서 인용한 사랑의 본질에 관한 짧은 글들을 낭독했습니다. 커다란 글씨로 방금 이곳에서 일어난 일을 설명하는 혼인증명서가 낭독되었고, 그런 다음 다시 침묵의 모임이 이어졌습니다. 예배 모임과 결혼식은 보통 때의 방식대로 악수를 하며 끝났습니다.

그녀를 만나던 날

퀘이커 결혼식은 보통 '모임의 집'에서 예배 모임을 갖는 중에 행해집니다만, 야외에서 하는 결혼식도 종종 있습니다. 예배 후에 결혼을 한 커플이 가족과 친구들에게 인사하면서 결혼증명서에 서명합니다. 그리고는 그 자리에 참석한 모든 이가 서명함으로써 예식이 공식화됩니다. 마침내 서로 깊이 사랑하고 하느님의 인도하심을 믿는 두 사람이 결혼하게 되는 것이지요. 흔히 하듯이 성직자나 판사가 그들을 위해 결혼 주례를 서지는 않습니다. 결혼은 상대방에 대한 성스러운 선물이고, 또 모임이 두 사람에게 베푸는 선물입니다. 그런 선물을 주고받음으로써 그날부터 그들은 서로 하나가 되고 또 서로에게 의지하게 됩니다. 자조, 단순, 동등의 개념에 기초한 이 결혼예식은 퀘이커 가족생활의 상징이기도 합니다.

퀘이커 모임은 모든 퀘이커 결혼에서 객관적인 제3자의 역할을 합니다. 결혼하기 몇 달 전에 사려 깊고 경험 많은 남녀로 구성된 방문위원회가 결혼할 커플과 함께 '준비'가 되었는지 이야기합니다. 만일 위원회가 보기에 결혼하겠다는 커플이 아직 결혼할 준비가 되지 않았다고 느끼면, 그 커플에게 좀 더 결혼을 늦추라고 충고하는 경우도 있습니다. 이런 과정이 너무 사무적이고 로맨틱하지 않게 보일 수도 있지만, 커플의 결혼 준비에 관심을 쏟는 일은 결혼이라는 불확실한 강물에 발을 담그려는 이들에게 모임이 보살피고 있다는 느낌을 갖게 해줍니다.

나는 엘리자를 멕시코의 한 농촌 마을에서 만났습니다. 그녀는 거기서 AFSC와 일하고 있었고, 나는 여름 동안 퀘이커 근로캠프에서 봉사하고 있었습니다. 나는 곧 엘리자가 퀘이커가 아님에도 삶을 통해 이야기하라는 퀘이커의 가르침과 봉사를 통해 사랑이 가시화된다는 관념을 내가 여태껏 만난 어느 퀘이커보다도 잘 체화하고 있다는 것을 알게 되었습니다. 나는 또한 그녀가 이야기 솜씨가 뛰어나고 생기가 있으며 재미있고 운동도 잘하는, 짙은 머릿결에 반짝이는 갈색 눈을 가진 미인이라는 것을 금방 알아차렸습니다. 나는 엘리자에게 홀딱 빠져서 그녀가 이야기하는 모든 것, 그녀의 걸음걸이, 또 그녀의 웃음소리 등 모든 것에 매혹되었습니다.

우리 둘은 내가 벨기에와 프랑스의 근로캠프로 떠나고, 또 하버드에서 해버퍼드 대학으로 옮겼을 때도 계속 소식을 나누었습니다. 엘리자가 여름 동안 AFSC로부터 자금을 지원받아 캘리포니아의 한 빈민가에서 어떤 프로젝트를 운영한다며 내게 합류하기를 청했을 때, 나는 오래 생각할 것도 없이 바로 그러겠다고 했지요.

리치먼드 시 북쪽의 노스 리치먼드 지구―시로부터 수도나 전기 등의 어떤 지원도 없이 비포장도로를 따라 거무튀튀한 판잣집들이 늘어선 곳―는 샌 파블로 만의 습지와 맞닿아 있는 곳입니다. 주민 대부분이 2차 세계대전 동안 상선을 건조하는 단기노동을 하러 남부 시골에서 온 사람들로, 지금은 거의 실업상태에 있었습니다. AFSC 샌프란시스코 지부는 원래 엘리자에게 어린이들을 위한 주말활동을 조직해보라고 지원을 했던 것인데, 그것이 하절기 근로캠프 설치로 이어졌습니다.

멕시코에서 그랬던 것처럼 그곳 주민들도 우리들을 의심과 적대감이 가득한 눈으로 맞이하였습니다. 하지만 이번에는 그런 분위기가 금세 바뀌었습니다. 처음에 나는 교회 주일예배 시간에 발언을 해달라는 요청을 받고서, 나와 동료들이 왜 그들 집에 페인트칠을 하고 수리를 하려고 하는지 설명했습니다. 그러자 뭔가 변화가 생겼습니다. 나는 그때 우리가 그들에게 다가갔음을 깨달았습니다. 우리가 진심으로 그들의 삶을 개선하는 일을 돕고자 할 뿐 그밖에는 아무런 숨은 의도가 없다는 것을 그들도 이해하게 된 것입니다. 예배가 파한 후 사람들은 우리에게 와서 뭐든 돕겠다고 하고, 또 우리를 저녁식사에 초대하기도 했습니다. 여름이 깊어가면서 우리는 점점 더 친해져서 어떤 이는 내게 자동차 카뷰레터를 청소하고, 충격흡수장치를 고치고, 브레이크 라이닝을 바꾸고, 엔진을 조정하는 등의 자동차 정비기술을 가르쳐주기도 했습니다.

나는 리치먼드 경찰이 가지 말라고 경고했던 노스 리치먼드에서 어떻게 사랑이 스스로를 드러내는지를 보면서 여러 번 경이감을 느꼈습니다. 사람들은 우리가 그들을 위해 거기에 왔다는 것을 알고 그들의 지식, 그들의 우정, 그들의 신뢰로 되갚아주었습니다. 고린도전서에 쓰인 것처럼 사랑은 언어를 넘어선 곳까지 미치며 말보다 더 많은 이야기를 들려줍니다.

그해 여름에 사랑은 특히 전염성이 강한 듯했습니다. 나는 일하면서 받은 따뜻한 환대에 기분이 들떴고, 이런 기분 좋은 감각은 프로젝트 대표에 대한 로맨틱한 감정과 만나 더욱 고조되었습니다. 어느 일요일 저녁, 나는 쓰레기가 전혀 로맨틱하지 않게 뒹구는 진창을 걸어가며 엘리자에게 청혼을 했습니다. 이제 세 명의 장성한 자식의 부모이자 여덟 명의 손주를 둔 조부모로서, 우리가 그 옛날 서로를 바라보면서 삼나무 그늘에 섰을 때는 어찌 그리 인생이 쉽고 단순하게만 보였는지 놀라운 마음으로 돌이켜보게 됩니다.

가족을 가족으로 만드는 것은

결혼 50주년이 지난 지금 내가 깨닫는 것은 부부란 오랜 시간 사랑과 상식에 의해 창조된, 그리고 지속적인 계시를 통해 드러나는 지혜에 의해 창조된 예술작품과 같다는 것입니다.

어떻게 하나의 묶음으로 살아야 할지 막 배우기 시작할 찰나에 아이가 생기고, 그 즉시 당신의 세계는 또 변합니다. 아이로부터 얻는 기쁨과 놀라움에 수반하여 시간과 다른 관심사가 삭감되고, 더 이상 내 삶을 컨트롤할 수 없다는 맥 빠진 깨달음을 얻게 되지요. 부부 모두에게 삶은 결코 예전과 같아질 수 없습니다.

쿼이커들도 다른 사람들처럼 사랑과 낙관적 기대와 희망을 가지고 결혼생활을 시작합니다. 쿼이커들이라고 해서 결혼생활의 불화가 없는 것은 아니지만, 나는 쿼이커들이 가족에게 변함없이 초점을 맞추어 생활하는 데 특별한 재능이 있다고 믿습니다. 쿼이커들이 볼 때 가족의 본질적 가치는 '유대감'connectedness에 있습니다. 유대감이야말로 사랑과 더불어 가족을 가족답게 만드는 특징이지요. 가정은 쿼이커 신조가 가장 잘 드러나는 곳이기도 합니다. 서로에 대한 유대감을 쌓고 세대 간의 사랑과 친밀함을 북돋워주는 곳입니다. 쿼이커들도 가족 누군가의 행동이나 태도를 못마땅하게 여기곤 하지만, 그렇다고 해서 이런 다툼이 가족들 사이를 갈라놓거나 반목을 일으키는 데까지 이르지는 않습니다.

가족이 되는 것은 우리의 삶에서 겪는 가장 강렬하고, 가장 어렵고, 가장 복잡한 일입니다. 물론 가장 흔한 일이기도 하지요. 하지만 정규교육에서는 부모가 되는 것에 대해 아무것도 가르쳐주지 않습니다. 우리의 지성과 감정의 뿌리를 끊임없이 시험하는 일인데도 말이지요. 심지어 그것은 삼촌이나 남매나 할아버지로서 관계를 맺을 때 요구되는 기술과는 전혀 다른 기술을 요합니다. 그리고 우리 모두 좋은 부모가 되기를 원함에도 불구하고 많은 이들이 이 어려운 역할을 제대로 해내지 못합니다.

내가 알고 지내는 한 여자분이 자기가 따랐던 총각 삼촌에 대한 이야기를 내게 들려준 적이 있습니다. 삼촌은 그녀 자매가 아직 어린아이일 때 수족관과 동물원에 데려가기도 하고, 재미있는 편지와 우스운 시를 적어주는가 하면, 기발한 선물을 사주기도 했답니다. 자매가 더 자란 후에는 그들이 당면한 문제, 그들이 성취한 것, 그들의 친구 등등에 대해 즐겨 이야기를 나누곤 했다고 합니다. 삼촌이 늦은 나이에 결혼을 하고 다른 곳으로 이사를 가서 두 아이까지 갖는 바람에 두 조카딸은 더 이상 삼촌을 자주 볼 수 없게 되었습니다. 최근에 이 여자분이 삼촌의 장성한 두 자녀, 곧 사촌동생들을 만나 믿을 수 없는 이야기를 들었답니다. 사촌동생들이 이제는 돌아가시고 안 계시는 삼촌과 아주 소원한 관계였다는 이야기였습니다. 사촌들은 자기 아버지를 외톨이이자 얘기가 잘 안 통하는 사람이었다고 묘사하면서 "우리는 아버지를 잘 몰라요"라고 말하더랍니다. 사촌들 역시 자기들 아버지가 삼촌이었을 때의 이야기를 그녀에게서 듣고는 믿기 어려워했습니다. 그녀가 말해준 아버지의 모습은 사촌들에게는 거의 낯선 타인이었습니다. 사촌들은 더 많은 이야기와 회상을 세부까지 듣고 싶어 애를 태웠답니다.

가족생활에 그토록 요구되는 것이 많고 또 그만큼 충족감을 주는 이유는 우리 모두가 긴 시간에 걸쳐 여러 역할을 하기 때문입니다. 우리는 딸이나 아들의 역할로 가족생활을 시작합니다. 하지만 그와 동시에 우리는 누군가의 손자이거나 조카이거나 사촌이거나 형제자매로 태어납니다. 그리고 나중에는 배우자, 부모, 삼촌, 이모, 할아버지가 됩니다. 마치 연속적인 팀 경기에 참가하는 것과도 같습니다. 각자 정해진 역할을 수행해야 하지만, 포지션이 계속해서 바뀝니다. 팀은 언제라도, 그러니까 누군가 아프거나 다쳐서 역할을 못하거나 정신력을 상실했다고 해도 늘 단합해야 합니다. 그러나 한 가지 점에서 가족생활은 팀 경기와 아주 다릅니다. 그것은 바로 가정에서는 점수를 매기지 않는다는 것입니다. 가족 구성원 가운데 누가 더 집안일을 많이 했고, 누가 차를 고장 냈고, 누가 몇 년 전에 심한 소리를 했다는 식으로 점수 매기기를 시작하면 그 가족은 문제가 생깁니다.

가장 심각한 문제는 누군가 자기 팀을 버려도 된다고 생각할 때, 즉 남편과 아내가 서로에 대해, 자식이 부모에 대해, 형제자매가 서로에 대해, 집안의 아픈 노인에 대해 관계를 끊기로 마음먹을 때 일어납니다. 한때 유기적이었던 가족 관계가 아예 해체되고 마는 것입니다. 삶에 파열을 내는 사건이나 부부간 혹은 부모자식간의 불가피한 갈등에 직면하였을 때도 서로 간에 연결된 끈을 놓지 않겠다는 굳은 약속이야말로 가족을 오랜 기간 가족으로 남아있게 하는 유일한 열쇠입니다.

모두가 알다시피 국제결혼의 급증, 라이프스타일의 변화, 이혼율의 꾸준한 증가로 인해 오늘의 가족들은 이전 세대보다 일체감과 끈끈함이 훨씬 덜합니다. 퀘이커 가정들도 예외가 아닙니다. 내 사촌들 중 여럿이 이혼을 했고, 한 명은 세 번이나 이혼을 했습니다. 내 여동생은 퀘이커 대학의 동급생인 흑인 남성과 결혼을 했다가 나중에 이혼했습니다. 여동생의 결혼은 흑백 인종간의 결혼이 매우 드물었던 1950년대의 일이었습니다. 우리는 동생의 결혼 소식에 모두가 깜짝 놀랐는데, 흑인과 결혼한다는 것 때문이 아니라 여동생의 삶이 매우 어려워질 거라 느꼈기 때문입니다. 하지만 동생에 대한 가족들의 사랑은 변함이 없었습니다. 나는 샐리 대고모님이 내 여동생의 혼혈아 딸을 자랑스럽게 무릎 위에 앉히고 찍은 사진을 소중하게 간직하고 있습니다. 같은 맥락에서 우리 가족들은 동성애자인 나의 사촌 여동생과 그녀가 헌신적으로 사랑한 여성과의 '결혼'을 따뜻하게 축하해주었습니다. 다른 종교를 가진 이와 결혼하는 문제에 있어서는, 나 역시 친가와 외가 모두 독실한 퀘이커의 후손이지만 퀘이커 아닌 사람과 결혼했고, 나의 세 아이도 마찬가지로 퀘이커가 아닌 상대와 결혼했습니다. 하지만 여전히 우리 가족들은 사회적으로 중요한 의미를 갖는 일에 가치를 두고, 비폭력의 윤리를 준수하며, 자녀를 무조건적으로 사랑하고, 그들에게 무엇을 강요하기보다는 '길이 열리는 대로' 그들 나름의 방법으로 발전을 이루도록 하고, 우리 대가족과 친밀한 관계를 유지토록 하는 등 퀘이커로서의 삶을 굳게 지켜나갔습니다.

'네가 옳은 일을 하리라고 믿는다'

행복하고 안정된 어린 시절을 보낼 수 있었던 것은 내게 큰 행운이었다고 생각합니다. 오늘날의 기준으로 보면 거의 진기할 만큼 단절된 환경에서 아무 근심걱정 없이 살았다고 하겠지만 말입니다. 가정은 사랑과 칭찬과 돌봄과 가르침의 원천입니다. 어려웠던 시절에도 가정은 우리가 추락하는 것을 부드럽게 받아주는 쿠션 역할을 했습니다. 어렸을 때 내가 가장 두려워한 것은 여름이면 유행하곤 했던 소아마비였고, 나를 공포에 휩싸이게 한 유일한 범죄는 집에서 50킬로미터나 떨어진 호프웰 마을에서 일어난 어린이 유괴사건이었습니다. 성 문제에서도 나는 아주 순진했습니다. 내가 다니던 퀘이커 학교의 체육선생님이 남학생의 성교육을 하기로 되어 있었지만, 생식기에 대해 선생님이 언급한 것이라고는 "피부 질환을 피하려면" 샤워 후에 사타구니를 조심스럽게 닦아야 한다는 얘기뿐이었습니다. 나는 나이가 꽤 들어서야 도시에서 온 사촌에게서 처음 음담패설을 들었고, 내가 잘 이해하기 어려운 지저분한 노래를 처음 들은 것도 열두 살 때 퀘이커 여름학교에서였습니다.

열세 살이 되던 무렵에는 〈스칼렛 핌퍼넬〉Scarlet Pimpernel, 1934 이라는 영화를 보지 못해 몹시 아쉬워던 기억이 납니다. 친구들은 대단한 영화라고 이야기했지만, 모든 영화는 저속하다고 여기고 한 번도 영화를 보지 않은 스토크스 할머니에게는 그 영화 제목이 열정적인 성애를 뜻하는 것으로 생각되었던 겁니다. 어쩌면 할머니는 『주홍 글씨』The Scarlet Letter를 떠올렸는지도 모르겠습니다. 어쨌든 그 영화는 프랑스혁명 당시 위험에 처한 사람들을 돕는 영국인에 대한 영화로, 레슬리 하워드와 멜 오베론이 주연했습니다. 하지만 그 영화를 보면 애를 버릴 거라 염려한 할머니가 영화를 절대 보지 않겠다는 약속을 내게서 받아내고는 5달러라는 거금을 주었습니다.

하지만 음악애호가인 우리 가족들에게는, 예술이 일반적으로 하찮은 것이고 진리를 추구하는 데 방해된다는 퀘이커들의 전통적 태도는 단지 흔적으로만 남아있습니다. 연극, 미술, 음악, 시와 소설을 천시하는 이런 생각들은 우리 할아버지가 예배 모임에서 당신이 사랑하는 피아노를 포기하지 않겠노라고 선언한 19세기 말에는 더 심했습니다. 이런 편견의 결과, 퀘이커 학교들은 다른 분야에서 거둔 뛰어난 성과에도 불구하고 예술에 대해서는 최근까지도 대수롭지 않게 여기곤 했지요. 나는 우리 학교에서나마 이런 상황을 바꾸려고 노력했습니다. 문학, 미술, 음악 분야에 공헌한 퀘이커들을 들어보라면 대부분의 퀘이커들은 답하기가 어려울 겁니다. 퀘이커 시인이었던 존 휘티어John G. Whittier, 1807~92, 소박파 화가로 불린 에드워드 힉스Edward Hicks, 1780~1849, 남북전쟁을 주로 그린 역사화가 벤저민 웨스트Benjamin West, 1738~1820를 제외하면 말입니다.

좀 더 폭넓게 '우리가족 스타일'이라는 말을 되새겨보면, 우리는 뭔가를 함께한다는 데서 즐거움을 찾았지, 바깥에서 찾지는 않았다는 생각이 듭니다. 우리는 화려한 것도, 뭔가를 가졌다는 자부심도, 부자나 유명인에 대한 관심도 별로 없는 조용한 가정이었습니다. 우리는 "소박하게 살라"는 퀘이커의 명령을 의심 없이 믿었습니다. 다른 퀘이커 가정들과 마찬가지로 우리에게도 '소박한 삶'이란 상대적으로 적게 소유하라는 의미였습니다. 검약은 살아가는 방식이자 덕목이었습니다. 사치스런 가구나 비싼 옷 등 필요 이상의 물건을 사는 것은 돈, 시간, 주의력을 낭비하는 일이라 여겼습니다.

절제는 언제나 퀘이커들의 생활방식을 가리키는 대명사였고, 그것은 술에 대해서도 마찬가지였습니다. 우리 집에는 그흔한 브랜디 한 병도 없어서 음식솜씨가 뛰어난 아버지가 주특기인 크리스마스 자두푸딩을 만들 때면 옆집 카터 씨에게가서 브랜디를 조금 얻어오곤 했습니다. 그런 아버지도 밤에는 맥주 한 잔을 즐기곤 했는데, 어린 자식들 앞에서 술 마시는 것을 보여주지 않으려고 꼭 주방에서만 드셨습니다. 또 맥주를 사올 때면 차를 뒷길에다 대고 부엌문을 통해 술을 조심스레 나르곤 했습니다. 맥주를 보관한 곳은 식료품 저장실이었는데, 집안 식구들이 자주 오가는 곳과는 멀리 떨어진 곳이었지요.

나는 작은 마을에서, 그것도 대가족 안에서 컸기에 우리 남매들을 변함없이 사랑하고 도와주는 어른들을 방패막이 삼아 자랄 수 있었습니다. 매년 여름 우리는 부모님과 함께 집에서 그리 멀지 않은 휴양지인 포코노 마운틴스의 할아버지 집에 가곤 했습니다. 포코노에서는 숲속 예배 모임에 가기도 하고, 먼 친척들과 어울리기도 했지요. 어쨌거나 가족의 울타리 안에서 지적, 영적 성장을 위한 충분한 자극을 얻었던 것 같습니다. 그 모든 덕으로 우리는 안락하고 행복하게 자라날 수 있었지요. 이렇게 평화로운 어린 시절이 준 안정감은 계산할 수 없을 만큼 값진 것이었습니다. 나는 그것이 행운임을 압니다. 나 자신이 부모가 되어 돌이켜보니, 소박한 즐거움이 넘쳐났던 집안의 고요한 환경에 대해 깊은 감사와 심지어 경외심을 가지지 않을 수 없습니다.

내가 언제라도 떠올리는 일들 중에는 별로 드라마틱하다고 할 수 없는 것들도 많습니다. 해가 긴 여름의 어느 주말저녁에 아버지는 우리를 데리고 델라웨어 강의 리버턴이라는 곳으로 보트를 구경하러 간 적이 있습니다. 차를 운전하고 가면서 부모님이 함께 부르던 노랫소리가 아직도 기억납니다. 아름다운 목소리를 가진 어머니가 먼저 노래를 하면 아버지가 따라서 노래를 불렀지요. 두 분이 즐겨 부른 노래는 '대니 보이' '야

곱의 사다리' '매기의 추억' 같은 것이었는데, 우리 세 남매는 뒷자리에 앉아 두 분의 노래를 듣기도 하고 때로는 따라 부르면서 행복하고 안락한 느낌에 젖었습니다. 오늘날에는 '연결되었다'connected는 말이 너무 흔해져서 우리 가족이 느꼈던 만족감, 원하던 바를 정확히 얻은 데서 오는 그 느낌을 잘 말해주지 못하는 것 같습니다.

물론 이상의 이야기들은 삶이 훨씬 단순했던 시대의 이야기입니다. 시간에 쫓기고 생활의 심한 압박을 받는 오늘날의 젊은 부모들은 어떻게 가정환경을 안락하고 행복하게 만들어야 할지에 대해 종종 혼란스러워하고 갈팡질팡합니다. 하지만 옛날이나 지금이나 기본은 똑같습니다. 삶이 즐거울 것이라는 기대감은 가정에서부터 자라납니다. 가정은 또한 마음과 신체의 습관을 길들이는 곳이기도 합니다. 가정이 조용하고 잘 정돈되어 있고 비폭력적인 분위기일 때, 부모가 그 어떤 일보다 앞서 아이들과 많은 시간을 보내려 한다는 것을 알 때, 대화의 끈이 늘 이어져 있을 때, 아무도 평가하거나 평가받는 일이 없을 때, 아이들은 무럭무럭 성장합니다. 나는 아이들이 할머니 할아버지와 시간을 많이 보내는 것도 매우 중요하다고 생각합니다. 할머니 할아버지와의 관계에서는 부모와 함께할 때보다 긴장감을 덜 받고, 또 훨씬 오랜 경험에 터한 지혜를 전수받을 수 있기 때문입니다.

내 아들이 어린 시절에 대해 이야기하면서, 아이가 잘못된 결정을 내리려는 참에도 내가 늘 이렇게 말했다고 하더군요. "그래, 나는 네가 옳은 일을 할 거라 믿는다." 아들은 내가 아주 순진하게 생각되기도 했고, 때로는 솔로몬 왕만큼 지혜롭게 느껴졌다고 하더군요. 내가 정말 무슨 생각으로 그랬는지 아이가 몰랐을까요?

아이가 분명히 알았던 한 가지는, 아버지인 내가 누구에게나 하느님의 속성이 있음을 믿었다는 사실일 겁니다. 그렇다면 내가 어찌 우리 아이들이 그 빛의 인도를 받아 '옳은 일을 할 것'이라고 믿지 않을 수 있었겠습니까? 내게 있어 이 믿음은 모두가 알고 있는 사실, 즉 성장한다는 것이 꽤나 힘든 일이고, 젊은이들이 가끔 어리석은 판단을 내리기도 하며, 어른들과 마찬가지로 인생에서 거듭된 실수를 범하기도 한다는 사실과 불일치하는 게 아닙니다. "내가 어떻게 그리 어리석은 짓을 했을까?" 하는 질문은 오십대, 육십대, 그리고 이후에도 여전히 스스로에게 종종 던지는 질문입니다. 실수한 것들이야 한두 가지가 아니겠지만, 모든 실수 가운데 가장 큰 실수가 옳고 그름을 상식적으로 판단할 줄 아는 아이들에 대한 나의 믿음을 분명하게 말하지 못한 것이라는 점은 인정하지 않을 도리가 없습니다. 아이들은 성인으로 자라면서 "네가 옳은 일을 할 거라 믿는다"는 이야기를 부모로부터 늘 들을 수 있어야 합니다. 나 또한 어릴 때부터 스스로 판단력을 키울 수 있도록 이끌어준 부모님의 신뢰를 기억합니다.

모든 것이 변해도 사랑만 변하지 않는다면

모든 부모가 알다시피 자녀들의 어린 시절은 쏜살같이 지나갑니다. 하지만 아이들은 영원히 당신과 함께합니다. 내가 80세가 되고 아이가 50세가 되어도 아이는 여전히 나의 자녀이고, 나의 하루를 최고의 하루로 만들 수도, 가슴이 메게 만들 수도 있습니다. 그러나 아이들과의 관계도 변합니다. 아이들이 더 이상 같은 집에 살지 않거나 특히 결혼으로 집을 떠나면 부모는 둘만이 남아 처음 시작했던 지점으로 돌아가게 됩니다. 어떤 부부에게는 이 변화가 참 힘들게 느껴지기도 합니다. 당신이 사랑에 빠져 결혼했던 그 사람이 10년, 20년, 나아가 40년 후에는 꼭 같은 사람이라 할 수 없으니까요. 당신도 그에게는 마찬가지일 테고요.

이처럼 나이가 듦에 따라 우리 인생은 새로운 불확실성과 변화를 맞이합니다. 이렇게 되면 행운이 우리 삶에서 훨씬 더 중요한 몫을 차지하게 되지요. 특히 건강 문제가 그러합니다. 수십 년 전 첫 아이가 태어난 후 아내는 엄지발가락에 심한 통증이 생겼고, 결국 류머티즘이라는 진단을 받았습니다. 그 후로 지금까지 아내는 끊임없이 엄습하는 통증을 참아왔지만, 모든 주요 관절의 치환수술을 받아야 했습니다. 통증과 신체 쇠약에 더해 좌절감과 불행이 찾아왔지요.

우리 부부는 일생동안 겪은 다른 모든 변화와 마찬가지로 이 질병과 더불어 살아야 했습니다만 이것이 제일 어렵고 힘든 것이었습니다. 그 무엇도 우리에게 이런 상황에 대비하도록 가르쳐주지 않았으니까요. 나는 성경 속의 욥에 대해서도 생각을 했고, 우리 결혼식에서 읽었던 셰익스피어의 시구 "무엇인가 변했다고 해서 같이 변하는, 그런 사랑은 사랑이 아닐지니"라는 말이 생각났습니다. 인생의 예기치 못한 변화는 경제적 곤란, 직업상의 좌절, 비극적 사고 등 다양한 형태로 나타날 수 있습니다. 그런 변화의 원인이 어디에 있건 인생의 우연하고 원치 않는 반전은 아무리 그 기초가 튼튼하더라도 우리의 결혼생활을 위협할 수 있습니다.

아내와 내가 함께 겪었던 시련으로부터 배운 것을 짚어보자니, 내 인생의 항해 규칙은 욥의 믿음과 사랑의 힘이었음을 알 수 있었습니다. 고통스럽고 끈질긴 질병은 가슴 깊은 곳의 단순하고 굳센 유대감마저 시험에 부칩니다. 하지만 삶은 또한 기쁨과 참아내기 힘든 일들을 함께 우리 앞에 가져다 놓습니다. 여기서 우리가 배우는 것은 좋은 것을 더 열심히 보아야 한다는 것이고, 그것들을 맛보고 즐겨야 한다는 것입니다. 다시 말해 아무도 꺾을 수 없고 그 어떤 것에도 흔들리지 않는 기술을 배우고, 변치 않는 결속의 힘을 유지해야 한다는 것입니다.

최근에 나는 아내의 휠체어를 밀고 워싱턴 DC의 허시혼 미술관을 지나다가 헨리 무어Henry S. Moore, 1898~1986의 튼튼하고 아름다운 조각 작품을 본 적이 있습니다. 한 쌍의 남녀가 똑바로 앉아 팔꿈치를 마주 댄 채 아이를 무릎에 앉힌 형상이었지요. 이 조각상은 마치 우리 부부의 모습을 보여주는 듯했습니다. 조각상의 제목은 '가족그룹'The Family Group이었습니다.

이 작품이 우리에게 말하려는 것은 유대 혹은 결속감이 가족을 만들고, 그것을 이어주는 것이 사랑이라는 사실이었습니다. 가족은 살아있는 유기체로 세상의 축소판입니다. 어릴 때 우리는 사랑하는 법을 배웁니다. 자라면서는 그 사랑을 가지고 세상에 나갈 준비를 하고, 자기 몰두에서 벗어나 그 사랑을 남에게까지 나누어줍니다.

많은 퀘이커들은 자신의 가정과 일가친척의 테두리를 벗어

나 인간들 사이의 연대라고는 찾아보기 힘든 이 세상에서 평화를 위해, 인종간의 평등을 위해, 가난한 사람들과 권리를 빼앗긴 사람들을 위해 "사랑으로 무엇을 할 수 있을지 시도해보는' 일에 자신의 삶을 투신해왔습니다. 하지만 세상을 치유할 수 있는 능력은 가정이라는 난로 속에서 불붙은 사랑의 내적인 불빛에 의해서만 오래도록 타오를 수 있습니다. 우리 삶에 목소리를 입혀주는 것은 사랑입니다. 사랑이야말로 뚜렷한 목표와 권능을 가지고 우리 삶을 통해 말하게 해주는 바탕입니다.

퀘이커들은 개인들 사이나 집단 안에서 표현되는 사랑이야말로 우주의 가장 강력한 힘이라고 믿습니다. 이런 사랑의 특출한 힘에 대한 가장 단순하고 명쾌한 정의는 고린도전서 13장에 나옵니다.

> "내가 사람의 방언과 천사의 말을 할지라도 사랑이 없으면 소리 나는 구리와 울리는 꽹과리가 되고, 내가 예언하는 능력이 있어 모든 비밀과 모든 지식을 알고 또 산을 옮길 만한 모든 믿음이 있을지라도 사랑이 없으면 내가 아무것도 아니요, 내가 가난을 구제할 모든 선함을 품고 있을지라도 (…) 사랑이 없으면 내게 아무 유익이 없느니라. (…) 그러므로 믿음, 소망, 사랑, 이 세 가지는 항상 있을 것

인데 그 중의 제일은 사랑이라."

사랑은 가족생활이 오래 공들여 깎아낸 보석이며, 아이들과 후손에게 물려주는 가보입니다. 또한 사랑은 우리 삶의 도처에서 마주치는 잔인함과 폭력에 대한 퀘이커들의 해결책이기도 합니다. 사랑은 우리 마음을 감싸고서 달아나지 못하게 붙드는 그런 신비로운 느낌으로 시작됩니다. 사랑은 오래 머물면 머물수록 더 오래, 더 강하게 붙어있고 싶어 합니다. 사랑은 가장 먼저 샘솟는 감정입니다. 사랑은 우리 마음속의 성스러운 불꽃으로부터 점화되고 우리 마음속의 작은 목소리로부터 일어나기 때문에, 사랑을 접하는 사람은 즉시 그것을 알아차리게 됩니다. 사랑의 퀘이커 유산의 정수이며, 놀라운 전염력을 가지고 있습니다.

퀘이커의 유산 — 인생 십훈

TEN LIFE LESSONS

유산이란 우리보다 앞서 살았던 이들이 준 선물이라 정의할 수 있습니다. 3백 년 넘게 경배와 실천의 삶을 살아온 퀘이커들이 21세기를 맞이하는 우리에게 전해주는 선물은 무엇일까요?

퀘이커는 항상 미국 인구의 극소수에 불과했고, 오늘날에도 3억이 넘는 미국 인구 가운데 겨우 12만 명에 지나지 않습니다. 이 12만이라는 숫자의 상당 부분은 퀘이커로 개종한 이들 또는 '설득된 친구들'convinced Friends이 차지합니다. 평화 사상과 퀘이커의 사회적 메시지에 대해 관심이 높아진 베트남전 이후에 합류한 사람들이지요. 내가 사는 워싱턴 DC를 비롯한 몇몇 지역에는 나와 같은 모태 퀘이커보다 이들 설득된 친우들이 훨씬 많으며, 이들 구성원들이 퀘이커교를 활기차고 계속 새로워질 수 있게 돕고 있습니다. 그 가운데 많은 이들이 모임을 이끄는 위원회에 들어가거나 사회복지사업, 평화, 정의, 인종 문제 같은 퀘이커의 관심사에 적극 참여하는 등 퀘이커의 대의와 공동체에 헌신하고 있습니다.

퀘이커들은 다른 소수집단들에 비해서도 훨씬 숫자가 적기 때문에 투표권의 집단적 행사나 강도 높은 로비, 보이콧 등을 통해 효과적인 사회 변화를 꾀하기가 어렵습니다. 하지만 이상하게도 이처럼 불리해 보이는 조건이 퀘이커들에게는 별로 문제가 되지 않습니다. 퀘이커들의 영향력은 정치적 위력이나 경제적 압력에 기댄 것이 전혀 아니기 때문이지요. 퀘이커들이 전하는 사회적, 영적 메시지는 우리의 인간성을 함양하고 우리 자신에게서 최고의 것을 찾는 능력에서 비롯된 것입니다. 퀘이커주의는 어쩌면 늘 작은 운동으로 남겠지만, 우리가 가진 최상의 본능, 최고의 열망에 직접 호소하기 때문에 지금껏 버텨왔고 앞으로도 버텨낼 것입니다.

정치적 영향력은 별로 없지만 퀘이커들의 생각과 이상은 대중의 의식에 스며들어 있고, 우리들의 사회 및 정치문화에 뿌리박혀 있습니다. 나는 여러 가지 측면에서 퀘이커주의가 평등과 관용이라는, 헌법과 권리장전에도 영감을 준 미국의 전통적 가치들을 반영해왔다고 믿습니다. 그 가운데서도 퀘이커가 이 나라에 남긴 가장 중요한 유산은, 불확실하고 지난한 과제가 기다리는 미래에도 우리 모두가 서로에게 의지하고 서로에 대한 책임을 다하리라는 기본적 신념일 겁니다.

설령 그 숫자가 백만 명을 넘더라도 퀘이커들은 모든 사회 문제를 일거에 해결할 수 있다고 말하지 않을 겁니다. 하지만 퀘이커주의는 우리 모두가 같은 선로 위에 있다는 것을 늘 생생하게 일깨워줍니다. 우리들 각자에게는 하느님의 속성이 있고, 옳은 길로 인도하는 빛을 품고 있으며, 조용한 침묵 속에서 진리로 가는 그 길이 열린다는 생각이 그것입니다. 퀘이커들은 또한 세상 사람들의 더 나은 삶을 위해 '사랑으로 무엇을 할 수 있을지 시도하는' 것이 상상할 수 없는 결과를 가져온다는 것을 실증해왔습니다. 우리 모두가 같은 인간성, 같은 미래를 공유하고 있고, 일시적인 자기만족이나 자기과시를 넘어서는 지속적인 봉사를 통해 자신이 가진 최고의 것을 발견할 수 있다는 믿음을 보여주었습니다. 퀘이커들은 아무리 높은 이상도 사랑에 의해 인도된 행동으로 표현하지 않는다면 아무것도 아니라는 것을 증명함으로써 그 이상들이 수 세기 동안 살아남도록 하였습니다.

내가 이미 말씀드린 것처럼 퀘이커들은 현실적인 사람들입니다. 퀘이커들이 문제를 해결할 때 활용하는 이상적이지만 실용적인 접근법들은 평등과 평화와 더 나은 인간사회 건설이라는 버거운 임무를 맡은 이들 모두에게 도움이 되리라 믿습니다. 우리 앞에 놓인 길이 얼마나 길든 인간이 완전해질 수 있다는 이상을 끝까지 놓지 않는 것이 그 출발점입니다. 첫 번째 내딛는 발걸음이 가장 힘든 법이며, 마지막 발걸음이란 것도 없습니다. 인내만이 전부이고, 거의 전부일 겁니다. 그러기 위해서는 믿음이 우리 삶의 중심에 있어야 합니다. 그리고 우리 스스로 최선을 다할지라도 하느님께 조금은 맡겨두는 것도 필요합니다.

이 나라는 낙관주의라는 강력한 기풍 위에 기초를 닦고 건설한 나라입니다. 하지만 이제는 우리 자신과 정부에 대한 믿음을 잃어버린 것 같습니다. 나는 그날그날의 특정한 사회정치적 사안을 넘어서, 사람과 제도가 완전해질 수 있다는 퀘이커의 낙관주의가 지속적인 매력과 가치를 입증할 것이라고 믿습니다. 조지 폭스가 믿었던, 모든 이들 속에 있다는 '성스러운 불꽃'은 17세기에 그랬던 것처럼 오늘날에도 사람들에게 영감을 불러일으킵니다. 퀘이커주의가 일깨우고자 하는 중요한 깨달음은, 우리 안에 있는 최고의 것이 늘 양심의 내면적 목소리에 귀 기울이게 한다는 것입니다. 우리는 목마른 사슴

이 시냇물을 찾듯 진리를 찾을 것입니다. 그리고 앞으로도 내내 우리 자신의 삶으로 이야기하겠다는 욕망에 의해 움직일 것입니다.

나 자신의 삶으로 말하기 위해 필요한 것은, 사람들의 평범한 삶에도 거룩함과 존엄성이 있다는 것을 변함없이 믿는 자세입니다. 나는 영적 삶이야말로 영웅적이며 지속성 있는 삶이라고 믿습니다. 내면으로부터 흘러나오는 지혜 또는 지속적 계시로부터 얻는 지혜를 따르는 능력은 어려운 문제와 불리한 상황에 처할 때마다 늘 새로운 길을 보여주곤 합니다. 이런 창조적 영혼을 갖추는 데는 아무런 전문지식도 필요 없습니다. 영혼의 창조성이란 우리가 호흡하는 공기처럼 언제나 존재하는 것이니까요.

내가 머리말에 적은 것처럼 이 책은 부분적으로 스토크스 할아버지가 후손들에게 전한 메시지에서 영감을 받고 쓴 것입니다. 내가 퀘이커로 자라나고 하나의 성숙한 인격체가 되는 데 이분이 끼친 영향은 말로 다 표현할 길이 없습니다. 어렸을 때부터 나는 손자가 되는 것이야말로 우리가 삶에서 얻을 수 있는 가장 소중한 경험의 하나라고 느꼈습니다. 마찬가지로 나이가 들어서는, 할아버지가 되는 것이야말로 인생의 가장 경이로운 보너스라는 것을 배웠습니다. 삶의 차원을 특별히 고양시켜주는 이런 선물을 받지 못한 사람은 자신이 얼마나 귀한 것을 놓쳤는지 잘 모를 겁니다.

나는 이 작은 책이 내 손자손녀들뿐 아니라 다른 젊은이들에게도 도움이 되기를 바랍니다. 나이가 차면서 점점 더 넓은 세상에서 만나게 될 사람, 장소, 생각, 위험, 도전에 대해 작은 도움이나마 줄 수 있기를 바랍니다. 만일 내 손자손녀들이 뭔가 이 책에서 모순된 것을 찾아내거나, 퀘이커들이 공적이고 사적인 행동보다 그저 말로 하는 것을 더 중시하는 것 같다고 내게 상기시켜 준다 해도, 나는 또한 할 수 있는 한 최선을 다해 이 책으로 답할 수밖에 없을 겁니다.

아래는 내가 커나가면서 누군가 나와 함께 나누었으면 하는 삶의 교훈들을 다시 정리한 것입니다. 당신에게도 작은 도움이 되기를 빕니다.

1. 현재를 붙드십시오

매일 매일 이어지는 삶의 시간을 최대한 활용하십시오. 그럼에도 우리는 종종 시간을 놓칩니다. 다음 할 일을 미리 생각하고 내일과 주말과 미래를 준비하느라 현재의 가능성을 잊곤 합니다. 우리 의식은 늘 빨리감기 상태에 있습니다. 또한 우리 가운데 일부는 과거에 있었던 일들을 끝없이 추억함으로써 현재의 문제와 불만과 지루함에서 탈출하려고 합니다. 여러분 자신을 위해, 여러분의 가족을 위해, 여러분의 지역사회를 위해, 그리고 인류 모두를 위해 오늘을 누리십시오. 오늘이 아무리 힘들게 보일지라도 결국 길은 열린다는 것을 믿으십시오. 철학자 알프레드 노스 화이트헤드는 이렇게 썼습니다. "오늘이, 그리고 바로 지금이 존재하는 모든 것을 담고 있다. 지금이야말로 신성한 장소다." 우리가 이룰 수 있는 최고의 만족과 영광은 지금이라는 이 성소를 값진 순간으로 만들기 위해 최선을 다할 때 가능합니다. 살아있는 인간 존재로서 우리는 영원히 살 수 없습니다. 그렇다고 해서 우리가 무의미한 존재인 것은 전혀 아닙니다. 우리가 행하는 것들 모두가 소중합니다.

2. 당신 자신을 사랑하십시오

어떤 잘못을 했든 여러분 자신을 사랑하십시오. 세상이 얼마나 악하든 이 세상을 사랑하십시오. 나는 십대 소년시절에 도스토옙스키의 소설 『죄와 벌』의 몇 구절을 읽고 시야가 완전히 달라지는 경험을 했습니다. 도스토옙스키는 썼습니다. "하느님의 모든 창조물을 사랑하라, 그 속에 있는 모래알 하나까지도…. 당신이 그 모든 것을 사랑한다면 사물들의 성스러운 신비를 파악하게 될 것이다." 이 충고는 세상과 나 자신에 대한 이해를 넓혀가고 있는 내게 아주 낯설게 들렸습니다. 도스토옙스키는 애초부터 글러먹은 것처럼 보이는 이 세상과, 좋아하기는커녕 잘 알기조차 어려운 나 자신을 사랑하라고 말하고 있었던 것입니다. 그의 말에서 나는 자신을 사랑하는 것이 자신을 아는 것과 비슷하며, 이 세상과 미래에 일어날 일들을 위해 나 자신을 준비시키는 것과 비슷하다는 깨달음을 얻었습니다. 당신이 이 세상을 사랑하는 법을 배운다면, 세상은 전혀 다른 곳으로, 즉 완벽하지는 않지만 모든 사람과 자연의 모든 사물이 거하는 가정으로 보일 것입니다. 모두가 가능한 한 최선을 다하며 함께 사는 장소로 다가올 것입니다.

3. 말을 줄이고 당신이 아는 것에 귀 기울이십시오

말하기를 그치고, 당신이 진정으로 알고 있는 것에 귀 기울이십시오. 당신은 부모님이 당신에 대해 생각하는 것보다 훨씬 더 많이 알고 있습니다. 당신이 이해하고 있는 모든 것들이 책이나 선생님에게서 배운 것은 아닙니다. 당신은 이미 마음속에서, 그리고 당신이 가진 상식을 통해 여러 가지 크고 중요한 것들을 알고 있습니다. 당신의 마음에 이미 놀라운 풍요와 다채로움이 갖춰져 있음을 믿는다면, 당신이 진정 누구인지, 당신을 시시각각 움직이는 것이 무엇인지 알게 됩니다. 큰 기대감으로 당신 자신과 다른 이들을 대하십시오. 사람들은 기대하는 것만큼 이룹니다. 당신의 직관에 귀 기울이고, 당신의 본능과 상식을 믿으십시오. 우리는 다재다능한 피조물이며, '길이 열리는 대로' 변화에 적응하고 대처하고 앞으로 나아갈 능력이 있습니다.

4. 축구를 하십시오! 아니면 다른 단체경기를

초중등학교와 대학에서 축구를 하면서 나는 수업시간에 배우지 못한 많은 것들을 배웠습니다. 인생에서 성공적으로 남과 함께 살아가기 위해 꼭 알아둬야 할 것들이지요. 매 경기마다 내가 배운 것은, 모든 단체 활동에서는 예외 없이 팀워크에 따라 결과가 달라지지 결코 미리 결정되지는 않는다는 것이었습니다. 아래는 팀 경기를 통해 당신이 배울 수 있는 것들입니다.

- 당신이 직접 통제할 수 있는 것은 많지 않다는 것을 알고 어떤 상황에 대해서도 준비를 해두십시오.
- 당신 역시 비슷한 사람들로 이뤄진 무리의 한 사람에 불과하다는 것을 알고, 당신이 할 수 있는 최고 수준의 몫을 맡

으십시오.

- 심리적으로 압박 받는 상태에서도 차분함을 잃지 마십시오.
- 당신과 다른 사람들이 지닌 다양성과 개성과 인간미를 발견하고 그것을 즐기십시오.
- 최선을 다하는 데서 오는 행복감, 또는 자기 몫을 다했을 때 오는 행복감을 누리십시오.
- 승리할 확률이 아무리 낮아도 끈기 있게 나아가는 법을 배우십시오.
- 멋지게 이기고 또 멋지게 패배하십시오.

팀 경기를 하고 동료들 안에서 발군의 노력을 기울이다 보면 자기중심적 태도를 고치는 훌륭한 치유책을 얻을 수 있습니다. 성인이 된 후, 축구나 다른 팀 경기에서 배운 이 교훈들이 당신의 실행력의 일부가 되어 사업을 잘 이끌어가게 하고 날마다 최선을 다해 살 수 있도록 당신을 인도한다는 것을 알게 될 것입니다. 또 행복한 기억도 많이 가지게 될 것입니다.

5. 우리가 좌우할 수 있는 일은 적다는 사실을 인정하십시오

우리 삶에서 나 자신이 마음대로 좌우할 수 있는 일은 일부분에 지나지 않는다는 사실을 받아들이십시오. 살다 보면 우리의 통제를 벗어난 행운이나 불운, 타인의 행동, 여러 복잡한 상황이 우리 삶의 외형에 영향을 끼치는 일이 벌어집니다. 선택이라는 사치를 부릴 수 없는 경우가 종종 일어나지요. 우리 삶은 마치 카누를 타고 거센 강물에 떠내려가면서도 반대편 끝에 도달하기만을 바라며 그저 똑바로 앉아 노를 젓는 것과 비슷합니다. 우리의 인간적 품성은 이런 현실에 어떻게 대처하느냐에 따라 달라집니다. 왜 나쁜 사람들은 따뜻한 봄날 같은 인생을 사는데, 착한 사람들은 어려움 속에서 고통을 받으며 살까요? 그것을 이해하는 출발점은 '왜'라는 질문을 던진 후 침묵 속에 잠기는 데 있습니다.

6. 당신 자신과 사회가 완전해질 수 있는 가능성을 믿으십시오

언제든 '빛의 바다'를 바라보십시오. '어둠의 바다'가 삶에 대한 당신의 자세를 지배하지 않도록 하십시오. 냉소적이기는 쉬우나, 믿음을 갖기는 어렵습니다. 그렇다고 손쉽게 냉소적이 되지는 마십시오. 기꺼이 낙관론자가 되기를 택하십시오. 낙관주의는 무엇인가를 새로 짓고 창조합니다. 낙관주의는 이 나라를 출범시켰고, 우리 삶의 조건을 더 낫게 만드는 데 필수적인 협력자가 될 것입니다. 늘 기대감에 찬 태도, 다시 말해 내일의 포상을 믿는 마음에서 나오는 내면의 너그러움을 기르십시오. 언제나 사람들의 선함을 믿고, 일들이 더 나아질 수 있음을 믿으십시오. 당신과 다른 이들이 이룰 수 있는 것에 대한 믿음이 없다면, 당신의 삶으로 말하기를 시작하는 것도 어렵습니다. "우리 안에 있는 여러 불가사의한 것들 중 가장 특이한 것은, 우리가 최상의 것에 대한 멈추지 않는 선호를 가졌다는 것이다"라고 한 플라톤의 말을 기억하십시오.

7. 당신이 하는 일을 통해 사랑을 이 세상에 드러내십시오

아마도 당신은 깨어 있는 시간과 에너지의 대부분을 일하는 데 쏟고 있을 겁니다. 그 시간을 의미 있게, 그 일을 신중하게 대하십시오. 일을 통해서 우리는 자신의 도덕적 입장을 표현할 수 있습니다. 당신 자신을 치유와 봉사의 도구로 만듦으로써, 또 어둠의 바다와 맞서는 빛의 바다 편에 섬으로써 당신의 일을 가치 있는 것으로 만드십시오. 사랑으로 무엇을 할 수 있을지 시도해보십시오.

8. 당신의 삶이 아닌 이 세상에서 정의를 추구하십시오

세상 안에서 정의를 찾으십시오. 그러나 당신 삶을 위해 정의를 찾지는 마십시오. 존 F. 케네디 대통령도 "원래 인생은 불공평하다"고 상기시켜 준 바 있습니다. 세상에는 언제나 불의가 존재해왔습니다. 그리고 그 불의들을 바로잡는 데에도 끝이 없습니다. 하지만 당신 삶이 처해 있는 불공평함에 매몰되지는 마십시오. 세상에는 언제나 더 많은 재능, 더 많은 자원, 더 많은 이점을 가진 사람들이 있게 마련입니다. 당신 손에 든 것을 가지고 일하고, 결코 뒤돌아보지 마십시오.

9. 사람들 모두가 가진 하느님의 빛을 찾으십시오

사람들의 어두운 측면, 즉 사람들이 가진 탐욕, 편견, 이기심, 두려움을 보는 것은 쉽습니다. 어려운 것은 다른 이들 속에 있는 신성함 the divine을 보는 일입니다. 정말로 중요한 것은 우리 모두가 똑같다는 사실입니다. 모든 사람에게는 하느님의 속성이 있습니다. 초창기 퀘이커 한 사람이 물었습니다. "자, 이제 당신이 알게 되었으니 무엇을 하겠습니까?" 매일 아침 해가 뜬다는 사실처럼 자연스럽고도 조용하게 답이 떠오릅니다. 내면의 빛을 따르십시오. 그리고 '길이 열어주는 대로' 당신과 세상을 더 낫게 만드십시오.

10. 당신의 삶으로 이야기하십시오

인내를 가지고 침묵하십시오. 그리고 진리의 목소리에 귀를 기울이십시오. 당신 안에 있는 최상의 것이 당신의 행동을 이끌 수 있도록 용기를 내십시오. 당신의 참된 정체성은 행동에 있다는 사실, 공적이고 사적인 일들을 당신이 어떻게 해나가고 있는가에 달려있다는 사실을 깨달으십시오. 당신의 삶을 통해 선을 말하고 있는지 혹은 악을 말하고 있는지를 깨달으십시오.

시대가 변해도
변하지 않는 메시지

"당신의 삶으로 말하라!"

1999년 어느 가을날, 미국 뉴저지에 살고 있던 나는 퇴근 길에 종종 듣곤 하던 미국공영라디오방송NPR의 'Talk of the Nation'이라는 프로그램에서, 낮고 부드러우며 또 조금은 엄숙하게 들리는 목소리를 듣고는 온몸에 전율을 느꼈습니다. 'Talk of the Nation'은 일주일에 한두 번 화제의 책 저자를 초청해 이야기를 듣는 코너가 있었는데, 바로 이 책의 저자인 로버트 L. 스미스 선생이 대담하던 중이었지요.

개신교 기독교가 우리나라에 전파된 지 얼마 되지 않은 19세기 말에 개종하신 우리 증조할아버지로부터 나와 내 동생 그리고 여러 사촌들까지, 가족들 모두가 신실한 기독교 신자인 것을 유일한 자랑으로 여기던 가정에서 나고 자란 나는, 철이 들면서 교회 목사들과 기독교인들이 말과 행동이 서로 다른 경우를 보고 큰 실망을 했습니다. 한동안은 교회에 출석조차 하지 않았고, 가끔 출석을 해도 다른 교인들과 전혀 교류를 하지 않았으며, 목사들이 아무 준비도 하지 않고 설교를 너무 무성의하게 한다고 생각해서 한때는 스스로 목사가 될까 생각하기도 했습니다.

그런 내게 그날 라디오의 대담 프로그램에서 흘러나오는 퀘이커의 이야기들, 즉 "우리 모두가 하느님의 성품을 가지고 있습니다. 진리가 바로 가야 할 길이고, 그 길은 (하느님께 무엇을 달라고 구하는 기도 가운데서가 아니라) 고요한 침묵 속에서 (마음속에서 들려오는 작은 목소리에 귀 기울일 때) 열립니다." "말을 통해서가 아니라, 당신의 삶이 당신을 이야기하도록 하십시오"라는 가르침은 나에게 굉장히 큰 울림으로 다가왔습니다. 집에 도착하자마자 이 책을 주문하였고, 책이 도착하자마자 단숨에 읽어 내려갔습니다. 담담한 어투로 잔잔하게 써 내려간 글을 참 감명 깊게 읽었습니다. 그러고는 생각했지요. 이 책을 내가 우리말로 번역해야겠다고.

이 책은 미국의 수도 워싱턴 DC에 있는 유명한 퀘이커 학교인 시드웰 프렌즈 스쿨(많은 미국 대통령 자녀들이 다니곤 했던 사립학교입니다)의 교장을 지낸 로버트 스미스 씨가 평생을 퀘이커교도로 살아오면서 배우고 실천했던 것들을 담담한 필치로 적은 책입니다. 저자는 이 책에서 모든 사람에게 하느님의 성품이 있고 그렇기에 누구나 똑같은 가치를 갖는다는 퀘이커의 믿음, 단순하고 청빈하게 살며 침묵 속에 내재하는 하느님의 목소리를 듣고 진리와 양심에 따라 살아가는 퀘이커의 가치, 행위를 통한 실천적 믿음을 추구하는 퀘이커들의 생활을 설명합니다. 실제로 이것들이 교회 밖에 있는 사업체에서, 교육 현장에서, 그리고 가정에서 어떻게 실행되는지를 덧붙여서 설명하면서 말입니다.

이런저런 일들로 번역 작업은 쉽지 않았습니다. 마음은 굴뚝같았으나 매일 닥쳐오는 일들이 많았던 탓에 시간을 내기 어려워 한동안 방치해 두었습니다. 책을 처음 접한 지 10년 되는 2009년에는 번역을 마무리해야겠다고 생각하고 한동안은 출장길에 오가는 비행기 안에서 열심히 작업을 하기도 했습니다. 그러던 중 어느 날 브뤼셀의 중앙역에서 기차표를 사다가 그간 번역한 원고가 들어있는 가방을 소매치기당하는 사고가 일어났습니다. 다시 책을 구입하고 처음부터 간헐적으로 또다시 작업을 했고, 그로부터 10년이 더 지난 지금에야 마무리를 하게 되었습니다.

번역을 마무리하면서, 20년 전 미국에서 발간된 이 책이 과연 지금의 한국 사회에 시의적절한 메시지를 던져줄 수 있을까 고민하며 여러 번 다시 읽어 보았습니다. 세월이 흘렀어도, 미국이 벌이고 있는 전쟁의 상대가 달라졌어도, AI가 사람들의 일자리를 위협하는 상황이 되었어도, 코로나19 바이러스가 우리의 일상을 뒤흔들고 있어도, 이 책이 주는 메시지는 여전히 유효하다는 생각이 들었습니다. 오히려 더욱 필요해졌다고 나는 확신합니다.

나는 이 책을 통해 자본주의의 폐해가 더욱 심화되어 경쟁이 더 큰 경쟁을 낳고, 또 전과는 종류가 다른 경쟁을 낳고 있는 이 물질 중심의 사회에서, 기독교인이든 아니든 우리 모두 자신의 삶을 잠깐이나마 돌아보고 생각해볼 수 있는 계기가 되었으면 합니다. 또, 이 책을 한번 읽고 책꽂이에 꽂아 놓기보다는 책상 모퉁이에 두고 숨가쁘게 돌아가는 경쟁의 삶이 우리를 지치게 할 때 한 번씩 읽어 보신다면 새로운 힘과 위로를 얻을 수 있으리라 생각합니다. 일부 내용에 대해서는 "너무 이상주의적인 이야기 아닌가?"라고 반문할 수도 있을 것입니다. 하지만 실제로 이상주의를 추구하고 그것을 실현하면서 살아가는 사람들이 의외로 많다는 것을 나는 잘 알고 있습니다. 불가능하게 보이는 것들을 가능하다고 믿고 행하는 것이 신앙이니까요.

　글쓴이가 전하려 하는 의미를 충분히 이해하고 그 의미와 느낌을 살려 우리말로 옮기려 노력을 했습니다. 하지만 내가 전문번역가는 아닌 까닭에 분명 미진한 부분들이 많으리라 생각합니다. 이런 미흡한 부분들은 앞으로 기회가 된다면 더 시간을 가지고 고쳐나가도록 하겠습니다. 마지막으로, 아버지의 작업을 도와주었고, 금년 가을 이 책에 나오는 해버퍼드 대학에 진학하게 된 아들 시원이에게 고마운 인사를 전합니다.

2021년 3월
옮긴이 박기환

로버트 로렌스 스미스 Robert Lawrence Smith (1924~)

존경받는 퀘이커 지도자의 한 명으로, 미국 대통령들의 자녀들이 다니는 학교로 유명한 워싱턴 DC의 퀘이커 학교 '시드웰 프렌즈 스쿨'의 교장으로 오래 봉직했다. 10년 동안 미국 사립교육위원회의 실행이사를 맡았으며 미 상원의원 토머스 이글턴의 교육 분야 전문위원으로도 일했다. 또한 워싱턴 지역사회재단의 성인문해력 프로그램을 자문하고 약물남용방지협회의 약물예방 프로그램 설계에도 참여했다. 현재는 워싱턴 DC 교외의 작은 도시인 메릴랜드 베세즈다에서 조용한 노년을 보내고 있다.

옮긴이 **박기환**

연세대학교 사회학과를 졸업하고, 뉴욕대학교 경영대학원에서 공부했다. 제약업계에서 일하며 미국에서 여러 해 동안 근무하였고, 한국과 중국에서 몇몇 제약회사들의 대표이사를 역임하면서 모교 경영대학의 연구교수로도 일하고 있다.